THE 男前BBQレシピ77

岡野永佑 著

OTOKOMAE
BARBECUE RECIPES
BY BASE CAMP A-SUKE

山と溪谷社

INTRODUCTION

はじめに

BBQってそもそもはアメリカのモノで、ホストが時間をかけて用意してゲストにふるまうモノなんだけど、日本においてのBBQは「外で、生きた火を使って調理をするコト」かな？と思う。

人類が初めて火を手にしたのがいつだったのかはわからないけれど、火は人類に「光」と「熱」を与えてくれた。火によって夜間に行動できるようになり、危険な動物から身を守り、暖をとり、そして調理ができるようになった。加熱調理により人類はかたいものをやわらかくしたり、より保存のきく状態に変化させることができた。はじめはただ焼くだけだったものが、長い時間をかけて進化を遂げて現在の調理技術になったわけです。

いい方を変えれば、BBQとは「前時代的に調理するコト」。

ちょっと前までは焚き火で米を炊いていたんです。感覚を研ぎ澄ませて、常に変化する火と肉と対峙することを楽しみましょう。はじめはうまくいかないかもしれません。でも回数を重ねるうちに成功率がどんどん上がってきます。個人のなかで進化が起こるのです。というのはいい過ぎでしょうが、原始人としての能力が上がっていくことは間違いありません。

それってカッコよくないですか？　ぼくはそんな原始人的カッコよさを「男前」と称してテーマにしているんです。今回BBQにおける男前の定義を「簡単に」、「素材を活かして」、「食べ尽くす」としました。

この本があなたの原始の感覚を成長させるヒントになればと思っています。

Asuke

男前BBQ

定義1 簡単こそ正義

→ p.018

ビーフステーキ
BEEF STEAK

塩とこしょうをふって焼くだけ、超簡単。ソースのバリエーションでいろいろな味も楽しむのもいい。

→ p.089

ベーコンパイナップル

BACON PINEAPPLE

味のついた加工品を使えば、味つけさえも不要。よく焼く必要もないので、あっという間に完成する。かんたん！

手が込んだ料理はそりゃあおいしいけど、「簡単なのにこんなにおいしい！」のが、やっぱり男前。少ない材料でも単純なプロセスでも、絶品の味を作ることができるのは、「炭火の力」があればこそ。
極端にいえば、パックから出した肉を網にのせて焼くだけでもおいしい。それがBBQというものだ。さらに素材や調理法に合わせて道具を変えたり、焼きかげんに少しだけ気を配れば、もっともっとおいしい料理ができあがる。そんな簡単でおいしいレシピを楽しんでほしい。

→ p.071

黒焼きキャベツ

ROASTED CABBAGE

焼くだけ！　豪快！　BBQならではの野菜の丸焼きは、おすすめのレシピのひとつ。

男前BBQ

→ p.097

鴨肉のロースト

ROASTED DUCK MEAT

少しワイルドな味わいの鴨肉は塩とこしょうだけでシンプルに。バルサミコソースでいただきます。

定義2 素材を活かす

「炭火」という最高のスパイスがあるから、男前BBQに過度な味つけやプロセスは不要。必要なのは、素材の味を引き出すため調味料と調理法。かといって、肉も野菜も魚でも塩とこしょうだけ、ではもったいない（それも十分おいしいけれど）。この素材に必要なのは白ワイン？　それともバターか隠し味の味噌か？　ひとつふたつ味と手間を加えるだけで、いつもよりも肉や野菜の味が際立つな、という焼きあがりが男前BBQの理想の味。それにシンプルな手順だから、作るのだって簡単だ。

→ p.072

カラフル野菜焼き

COLORFUL VAGETABLES

カリカリ、しわしわになりやすい野菜を、少しの工夫でおいしく焼く方法を伝授。

→ p.067

まぐろテールステーキ

TUNA TAIL STEAK

まぐろに合うハーブをチョイスして、白ワインで香りよくふっくらとした仕上がりに。

男前BBQ

BBQでよくあるのが、網の上でカリカリになってしまった食べ残しの肉や野菜。食べるぶんだけ焼けばいいとわかっていても、なかなかうまくはいかないものだ。でも、それって全然男前じゃない。だから、残ってしまった料理をちょっとアレンジして、おいしく食べ尽くす方法を考えてみた。ただし、網の上に放置されてしまったカリカリ肉はアレンジしても、おいしく食べるのは難しいので、焼き上がった肉、野菜、魚は網の端に移動して保温しながらおいしく食べて、食べきれないぶんは引き上げるのをお忘れなく。

定義3 食べ尽くす

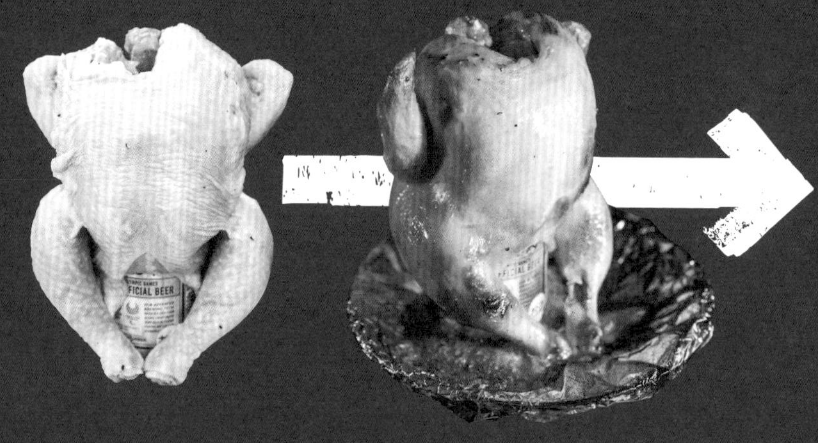

→ p.050
ビア缶チキン
BEER CAN CHICKEN

食べ尽くしの代表レシピが、この丸ごと焼いたチキン。切り分けた肉はもちろん、鶏がらでスープもとって丸ごと味わおう。右に紹介する以外にも、使い方は無限大だ！

→p.055
洋風チキン雑炊
CHICKEN RISOTTO
→p.054
チキンサンド
CHICKEN SANDWICH
→p.054
鶏がらスープ
CHICKEN BROTH SOUP
→p.055
鶏塩ラーメン
CHICKEN SHIO RAMEN

目次 | CONTENTS

OTOKOMAE BARBECUE RECIPES BY BASE CAMP A-SUKE

レシピの見方

◎材料は2～4人分を目安に作りやすい分量を記しています。写真に全量が写っていない場合もあります。

◎大さじ、小さじはそれぞれ、大、小と記しています。大さじ＝15mℓ、小さじ＝5mℓ、1カップ＝200mℓ

◎本書のレシピでは特に表記がない場合、こしょうは粗挽き黒こしょう（ミルで挽いて使う）、砂糖はグラニュー糖（さらさらなので野外で使いやすい）を使っています。

PART 1 肉・魚・野菜の上手な焼き方

条件1

適切な温度

BBQはとても単純な調理法だけど、極上の焼きかげんを成功させるのは意外と難しいものだ。でも、単純だからこそ上手に焼ければ最高においしい。最高の味を手（口）に入れるため、まず、おいしく焼くための条件を頭に入れて、そして焼いてみる。素材やそのサイズ、味つけが変われば、適した焼き方も変わってくるから、定番料理を中心に、一番おいしい焼き方と食べ方をマスターしよう。

条件3
ほどよい
塩かげん

おいしく上手に焼く3つの条件

おもに肉の場合

条件1 適切な温度管理

どんな材料にも共通するが特に肉の焼き上がりがいまいちという場合、その原因の多くは「焼きすぎ」だ。こんがりといい色に焼くのは表面だけ。肉の内部には、中〜弱火でじっくりと火をとおすのがおいしい焼きあがりのポイント。炭火の熱は赤外線。じっくり中まで火をとおせる特性があるので、弱火のゾーンといっても家庭での弱火とは別物なのだ。
網に肉を置いたらなるべく目を離さずに、肉に向き合い焼けていく過程を観察する。焦げそうになったら裏返したり、遠火のゾーンに移動させたり、割と頻繁に動かしながら、時間をかけてじっくりと育てるように焼こう。

―焼き色―

こんがりとした焼き色は、肉を熱することでアミノ酸と糖が反応して茶色くなり、旨みや香ばしさが生まれる「メイラード反応」によるもの。これが肉のおいしさには欠かせない。かたまり肉をじっくり焼く場合でも、表面には高温で焼き目をつけよう。メイラード反応が最も進むのは155℃ほどといわれている。炭火の温度はもっとずっと高温なので、焼き目をつける場合でも強すぎる火力は禁物だ。魚や野菜でも起こるし、パンやご飯のおこげもメイラード反応によるもの。おいしさには欠かせない化学反応なのだ。

―焼き時間―

肉の焼き時間の目安は、肉の厚み1㎝につき1分。とはいうものの、火力や肉の温度などによって焼け方は異なるため、一概に◎分と決めるのは難しい。コツといえば、肉の様子を見極めることしかない。焼きすぎは取り返しがつかないが、焼き不足なら再加熱ができるので、まずはカンを頼りに焼いてみよう。肉を焼くのに慣れれば、指で押してみたときの弾力で焼け具合がわかるようになる。火のとおりが心配であれば、慣れないうちは温度計を使って肉の内部温度をはかるのも一案だ。

―内部温度―

いっぽうで肉を熱しつづけると、たんぱく質が収縮して、旨みたっぷりの肉汁が流れ出てしまう。これは避けるべき事態だ。旨みを保持しているたんぱく質は「アクチン」。66℃あたりから変質し肉汁を放出してしまうので、肉の内部を66℃以上にしないことで肉汁をキープできる。よく、表面をこんがり焼いて肉汁を閉じ込めるといわれるが、それでも肉汁は流れ出るので、肉汁を逃さないためには温度管理のほうが効果は大きい。魚のアクチンは、55℃くらいから変性して水分を放出するため、内部温度は55℃までをキープできるといい。

条件2 水分の保持

さて、時間をかけてじっくり焼けば焼くほど、食材の水分は失われていく。そして肉や野菜がパサパサになる。当然おいしくない。問題なのは、「じっくり焼くこと」と「水分を逃さないこと」は相反するともいえ、両立させるのが難しい点だ。特に時間のかかるかたまり肉なら、ふたをするのがベター。ふた付きグリルなら何よりだが、なくてもボウルやシェラカップをかぶせれば同様の効果が得られる。オイルをまぶしてから焼くのも水分を逃さないためで、さらに熱がまわりやすくなるという効果も。酸化しにくく風味もいいオリーブオイルがおすすめ。砂糖、ヨーグルト、酢やワインは肉類の保水性を向上するため、下味に使うと肉がやわらかく仕上がる。

―保水性―

前述のように加熱により肉汁が流れ出ると旨みが流れ出るうえ、肉はかたくなる。それを防ぐため、肉の保水性をアップさせる方法がある。砂糖はたんぱく質の変性を遅らせる。また肉のpHを酸性かアルカリ性に傾けると保水性が増すため、ワインや酢が肉をやわらかくするのは、pHを酸性に傾けた結果だ。

条件3 ほどよい塩かげん

あくまで経験によるものだが、焼いてからソースやたれで味つけするレシピでも、焼く前に塩を「した」のと「しない」のでは、やっぱり前者のほうがおいしい。分量の目安は肉100gに対してひとつまみ（親指、人差し指、中指でつまむ）。肉全体に均一にふりかけるのがポイントだ。肉表面に塩がのることで焼いたときにたんぱく質が早く凝固して旨みが逃げにくいともいわれている。ただし塩をして時間をおきすぎると今度はたんぱく質が変性して水分とともに旨みが流れ出てしまうので、いい肉であれば焼く直前にふるのがベター。肉や魚の臭みをとりたいときには先に塩をして水分を出すのもアリだ。その場合、焼く前に水分をきちんと拭うこと。

―塩分濃度―

人がおいしいと感じる塩分濃度は0.8～0.9％といわれている。これは人の体の塩分濃度に近いからだとか！　つまりおいしい塩分量は、人によっては大きくは変わらないことになる。食べておいしい塩分量が適正なので、自分の舌を信じればほどよい塩かげんになるはず。また、塩も肉の保水性を向上させる。

牛ステーキ肉
BEEF STEAK

スパイスステーキ
SPICE STEAK

BBQでステーキを焼けば炭火の力を実感できる。最初にマスターしたいレシピのひとつ。
まずはシンプルに網焼きで。炭火で中まで火をとおすのではなく、表面を焼いたあとは余熱を使って好みのかげんに仕上げるのが上手に焼く最大のコツ。焼きすぎを回避できる。
炭の火かげんはイメージしているよりも弱めでOK。表面をカリッと仕上げたければ最初だけ少し強火で焼いてもいい。最適な火かげんと焼き時間は条件により異なるが、置きっぱなしで放置するのは厳禁。肉をじっと見て「いまだ!」という、一番おいしく焼き上がる瞬間を見逃さないようにしよう。

材料と作り方

牛ステーキ肉　好きなだけ

オリーブオイル　適量

ミックススパイス

- **キャラウェイ**　大2
- **コリアンダーパウダー**　大1
- **ガーリックパウダー**　大1
- **ブラックペッパー**　大1
- **パプリカパウダー**　大2
- **塩**　大2

① スパイスをすべてあわせておく。
② 常温に戻した肉は、キッチンペーパーで水分を拭いてからA、ミックススパイスを肉全体を覆いつくすくらいたっぷりまぶし、オリーブオイルを塗って全体になじませるB。
③ 炭火にのせて熱した網に肉を置き、いい焼き色がつくまで焼くC。焼き時間は肉の厚み1㎝につき1分が目安。
④ 肉を裏返して同様に焼いたら、網から外してアルミホイルで包み、弱火のゾーン（網の端の火力が弱い部分）において1〜2分、保温しながら余熱で火をとおすD。

牛ステーキ肉
BEEF STEAK

B ビーフステーキきのこソース
BEEF STEAK WITH KINOKO SAUCE

同じステーキでも、脂と肉汁をソースに使いたいときはスキレットや鉄板を使おう。脂が落ちないので網焼きに比べて、しっとりとした焼き上がりになる。
コツはスキレットを熱々にしてから肉を入れること。煙が出るほど熱してもOK。焼き色をつけてからホイルに包んで余熱で火をとおす焼き方は、網焼きと同様に。
塩とこしょうだけで焼いたステーキは、ソースでいろいろな味が楽しめるのもいいところ。ステーキにぴったりのソース各種は、次のページで！

材料と作り方

牛ステーキ肉　好きなだけ
にんにく　1かけ
塩、こしょう　適量
オリーブオイル　適量
きのこソース
　好みのきのこ　適量
　しょうゆ　大1
　赤ワイン　大3
　バター　大1/2程度

① スキレットにオリーブオイルとつぶしたにんにくを入れて炭火にかける。常温に戻した肉は、水けを拭い両面に塩、こしょうをふる。
② スキレットが熱々になりにんにくの香りが出たらA、にんにくは取り出して肉を入れるB。
③ 両面をいい色に焼いたら肉を取り出しアルミホイルに包んでC、遠火のエリアで1～2分、余熱で火をとおす。
④ 肉を焼いたスキレットにきのことバターを入れて炒めD、しんなりしたら残りの材料入れてからめ、焼き上がったステーキにのせる。

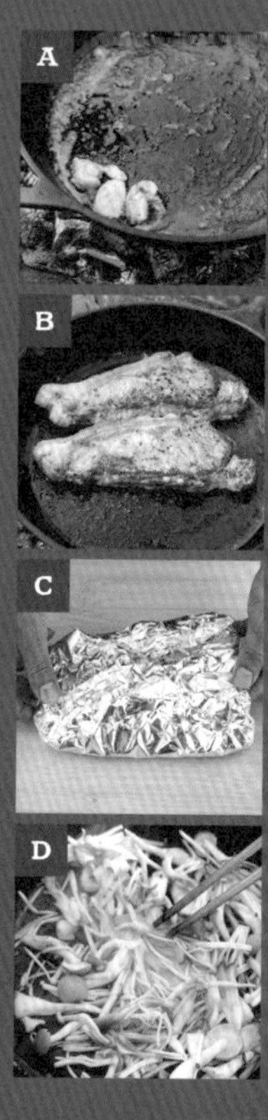
A
B
C
D

ビーフステーキ
BEEF STEAK

HOW TO EAT

1
シャリアピンソース
CHALIAPIN SAUCE

玉ねぎ（すりおろし）1/2個分
にんにく（すりおろし）1かけ分
しょうゆ 大4　赤ワイン 大2
砂糖 大1/2　酢 大1　水 大3

すべての材料を鍋に入れて10分ほど煮る。

2
バーボン BBQソース
BURBON BBQ SAUCE

玉ねぎ（すりおろし）1/4個分
にんにく（すりおろし）1かけ分
ケチャップ 大4
ウスターソース 大1/2
バーボン 大3
バルサミコ酢 大1

すべての材料を鍋に入れて10分ほど煮る。

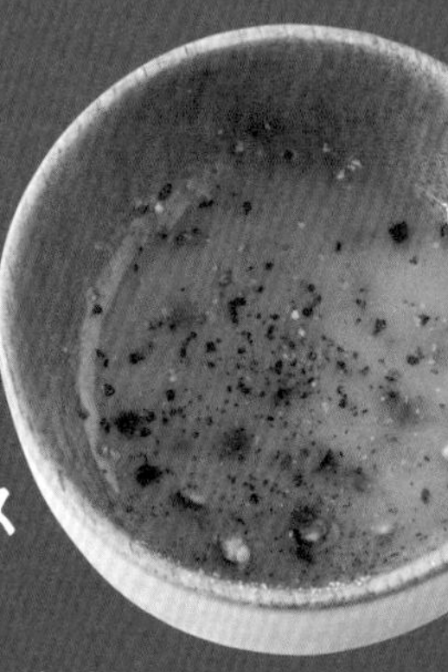

3
ペッパーソース
PEPPER SAUCE

粒こしょう（叩いてつぶす）適量
白ワイン 大2　バター 大1

すべての材料を鍋に入れ、バターが溶けるまで温める。

4
和風ねぎソース
JAPANESE GREEN ONION SAUCE

長ねぎ（薄い小口切り）1本
オリーブオイル 大1
バルサミコ酢 大2　塩 適量

ねぎをオリーブオイルで焦がすように炒めたら、バルサミコ酢を入れ、塩を加える。

5
サルサソース
SALSA SAUCE

トマト（ざく切り）1個分
玉ねぎ（粗みじん切り）1/2個分
レモン汁 1/2個分
パセリ（キュウリやピーマンでもOK）1〜2本
オリーブオイル 大1
塩、こしょう 少々
好みでタバスコorチリペッパー 少々

すべての材料を混ぜる。

6
クレソンソース
WATERCRESS SAUCE

クレソン（みじん切り）1束分
バター 大1　しょうゆ 大1
白ワイン 大1

すべての材料を鍋に入れてクレソンがくたっとするまで炒める。

ーキソース8種

7
パイナップルソース
PINEAPPLE SAUCE

パイナップル（みじん切り）1/8個分
ケチャップ 大1　しょうゆ 大1

すべての材料を鍋に入れて2〜3分煮る。

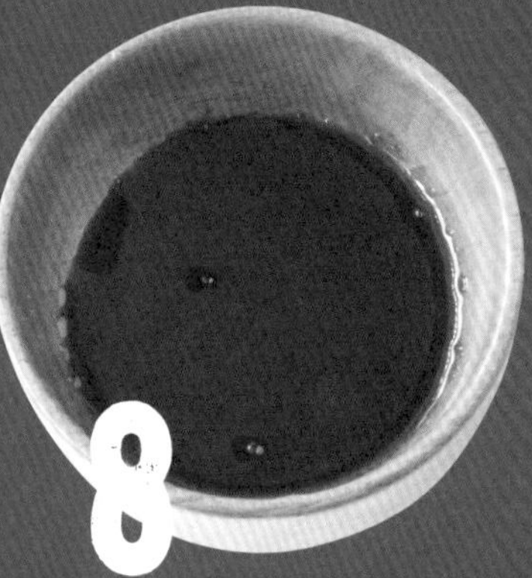

8
わさびソース
HORSERADISH SAUCE

わさび 適量　しょうゆ 大1
赤ワイン 大1　みりん 大1

すべての材料を混ぜ軽く煮詰める。
わさびをレモンに代えてもおいしい。

牛かたまり肉
BLOCK BEEF

ローストビーフ
ROAST BEEF

炭火の強弱を利用すれば、しっとりロゼ色のローストビーフを簡単に作ることができる。
4面をこんがり焼いて香ばしさを出したら、アルミホイルに包んで遠火でじっくり保温することで、低温調理の要領で絶品ローストビーフが完成！　火のとおりすぎにだけは、くれぐれも注意して。
火から外したあとすぐに切ってしまうと肉汁が流れ出してしまうので、粗熱が取れるまでおいてからカットして、ソースでそのまま食べても、丼やサンドイッチにしてもおいしい。

材料と作り方

牛もも肉　ひとかたまり
塩、こしょう　適量
にんにく　1かけ
オリーブオイル　適量

① 常温に戻した肉に塩、こしょうをふり、刻んだにんにくとオリーブオイルをまぶす。
② スキレットにオリーブオイルを入れて炭火にのせ、熱々にするA。
③ 肉を入れて、4 面にこんがり焼き色をつける。肉の断面の1㎝くらいの色が変わるくらいが目安B～C。
④ 肉を取り出してアルミホイルに包み、30分ほど遠火のエリアに置いておくD～E。
⑤ スキレットにソース用のオリーブオイル適量を注ぐF。熱いうちに注ぐことで焦げつきが防げる。
⑥ 肉を火の上から外して粗熱をとり、肉汁を落ち着かせるG。ホイルの中に残った肉汁はソースに使うので捨てないで。

1

ローストビーフ with バルサミコソース

ROAST BEEF WITH BALSAMIC VINEGAR SAUCE

粗熱が取れたローストビーフは好みの厚さにスライスして、ソースを添えていただきます！

ソースの材料と作り方

しょうゆ 大2　赤ワイン 大1
砂糖 大1　バルサミコ酢 大1
にんにく（すりおろし）小1
バター 大1/2
アルミホイルに残った肉汁 全量
すべての材料を肉を焼いたフライパンに入れて、トロッとするまで煮詰める。

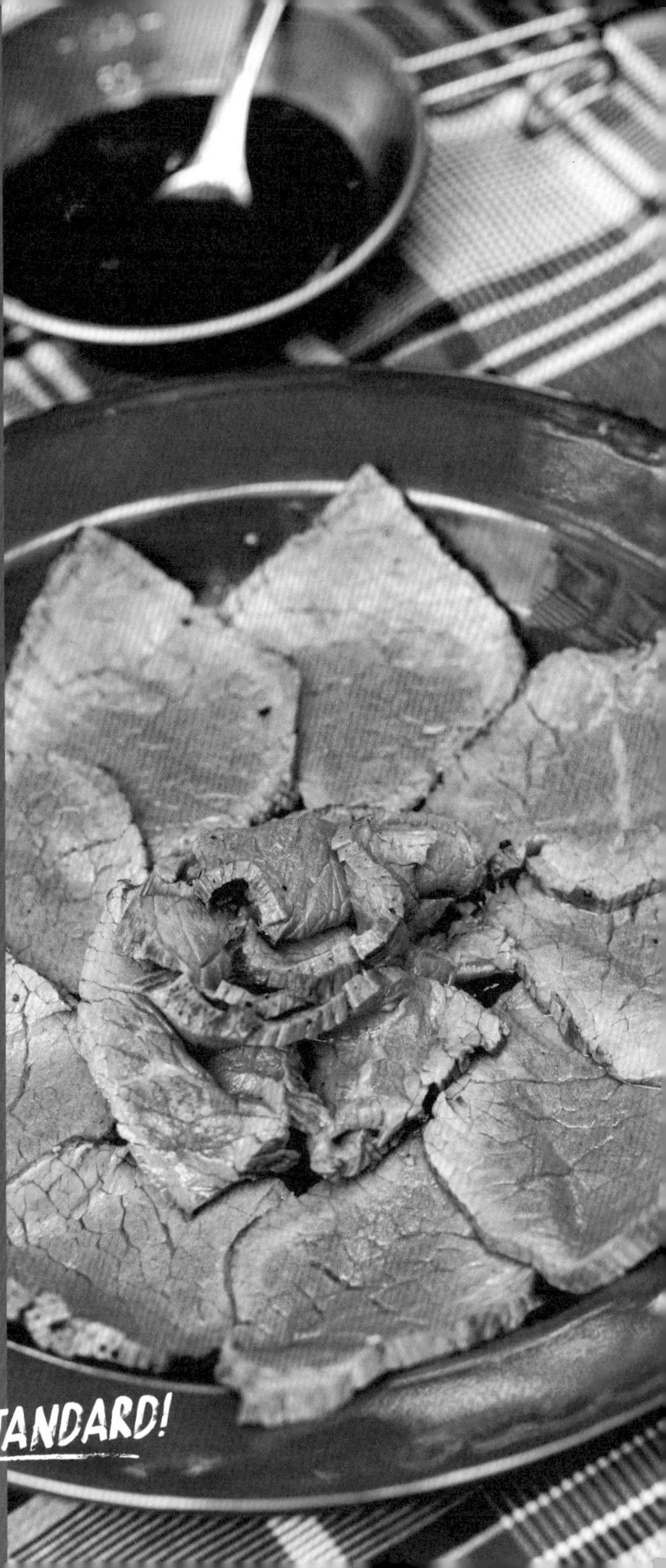

STANDARD!

2
ローストビーフ丼
ROAST BEEF BOWL

どんぶりご飯の上に、食べやすく切ったベビーリーフ、スライス玉ねぎ、ローストビーフを好きなだけのせ、わさびマヨソース（わさび 小1　マヨネーズ 大2　にんにくチューブ 小1　レモン汁 小1　をまぜる）をかける。野菜は好きなものを好きなだけのせてOK。

3
ビーフたっぷりサラダ
ROAST BEEF SALAD

好みの野菜とローストビーフをあわせて、ドレッシングをかけるだけの簡単で豪華なサラダ。野菜は、葉物のほかパプリカ、トマト、玉ねぎ、きゅうりなどなんでもOK。ブラックオリーブがあればぜひ入れたい。

ドレッシングの材料と作り方

バルサミコ酢 大2　しょうゆ 大2
オリーブオイル 大1　はちみつ 小1
粒マスタード 小2
にんにくチューブ 小1/2
すべての材料をまぜる。

牛ひき肉

MINCED BEEF

ビーフハンバーグ
BEEF HAMBURG

コツは、まずひき肉に塩だけを入れて混ぜること。塩で溶けたたんぱく質の繊維がからんで崩れにくく水分を保持するのでジューシーになる。手の温度で脂が溶けてしまうので、冷えた肉を使い、手かボウルを冷やしながら混ぜられれば、なおベター。
玉ねぎはフライドオニオンを使ってお手軽に。麩は肉汁をキープしてくれる。波型グリルで焼くと、余分な脂が落ちてこんがりジューシーな焼きあがりに。片面を焼いてからふたをして焼けば、中までちゃんと火が入る。

材料と作り方

牛ひき肉　400g

塩　3g ※肉の0.5 ～ 0.8%

牛乳　大1

こしょう　少々

ナツメグ　少々

焼き麩　10個

フライドオニオン　大2

① ボウルにひき肉と塩を入れて[A]粘りが出るまで混ぜる。練るのではなく指を立ててかき混ぜつづける感じ[B]。
② 肉がひとまとまりになり粘りが出たら[C]、すりおろした麩と残りの材料を入れて、むらなく混ぜあわせる。
③ 4等分、または好みの大きさを手に取り、両手でキャッチボールをするようにして中の空気を抜いてから楕円形に整形して中央をくぼませる。
④ 炭火にグリルをのせて熱して、ハンバーグを置く。片面がこんがりしたら裏返し、ボウルやシェラカップをかぶせてふた代わりにする[D]。
⑤ 弱火で5分ほど焼いたら指で押してみる。火がとおっている感じを指で覚えよう。よさそうなら割ってみてうっすらピンク色ならOK。まだ赤く生っぽかったら割った面を焼いて調整する。

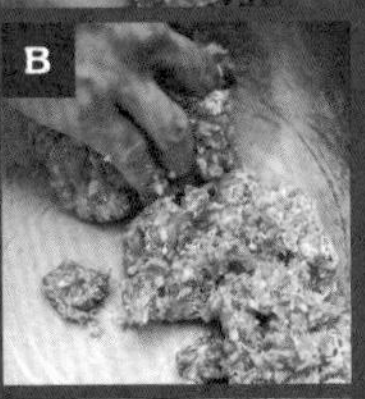

牛ひき肉
MINCED BEEF

B チリビーンズ
CHILI BEANS

アメリカ開拓時代的な、ダッチオーブンで作るチリビーンズ。
肉を炒めるとき、投入後はあまり触らず、焼きつけるようにしてうっすら焦げ目をつけるのがおいしさのポイント。玉ねぎは大きめにカットして、長く煮込まないほうが食感を楽しめる。
辛いのが好きな人は、チリパウダーを増やしてみて。
トマト缶だけだと酸味が強いので、甘みと深みが増すケチャップがマスト。

材料と作り方

牛ひき肉 400g
玉ねぎ 1/2個
にんにく 1かけ
キドニービーンズ缶 1缶
トマトカット缶 1缶
オリーブオイル 大1
クミンパウダー 大1
チリペッパー 小1/2
塩、こしょう 適量
ケチャップ 小1

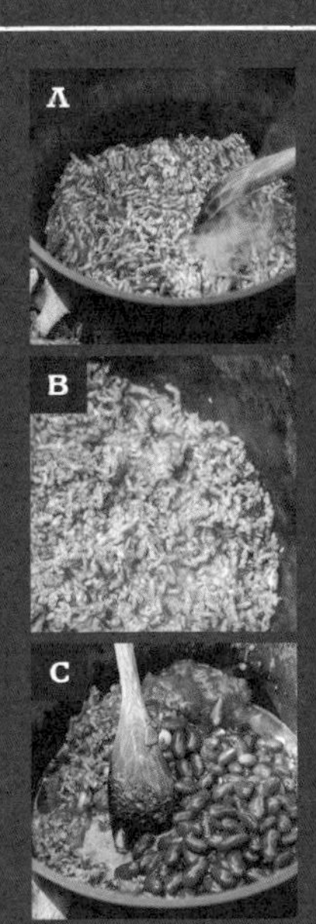

① 玉ねぎは粗みじん切り、にんにくはみじん切りする。
② にんにくとオリーブオイルをダッチオーブンに入れて炭火にかけ熱する。
③ にんにくのいい香りが出たら、牛肉を入れて焼きつけA、茶色くなって脂がしみ出すまで炒めるB。
④ 残りの材料をすべて加えC、10分ほど煮たら塩、こしょうで味つけする。

WE LIKE IT!

ハンバーグ&チリビーンズ
HAMBURG & CHILI BEANS
HOW TO EAT

\ハンバーグで/

1 チーズのせハンバーグ

CHEESE HAMBURG

ハンバーグの焼きあがり直前に、とろけるタイプのチーズ（チェダーやゴーダがおすすめ）をのせるだけ。好みでソースをかけても。

ソースの材料と作り方

バルサミコ酢、赤ワイン、ケチャップ
ウスターソース 各大1
砂糖、バター 各小1
すべての材料を肉を焼いたフライパンで煮詰める。

2 ＼ハンバーグで／

グルメバーガー
HAMBURGER

半分にカットしたバンズは、カットした面を網か鉄板で軽く焼く。同時に輪切りにした玉ねぎも焼いておき、バンズ（下）、マスタード、レタス、マヨネーズ、スライスしたトマト、玉ねぎ、チーズハンバーグ、ケチャップ、バンズ（上）と重ねる（順不同）。アボカド、ベーコン、目玉焼き、マッシュルームなどをはさむのもおすすめ。

＼チリビーンズで／

3 タコライス
TACO RICE

温かいご飯に食べやすくちぎったレタス、チリビーンズをのせて、サルサソース（p.21）、ミックスチーズ、マヨネーズを好きなだけかけ、混ぜながら食べる。

牛薄切り肉
SLICED BEEF

炭火焼き肉

YAKINIKU

みんなで火を囲み、焼けた肉からどんどん食べられるのが楽しい。薄切り肉以外にも、いろんなタイプの肉を用意すれば、アウトドア焼肉屋気分でごちそう感もアップする。
薄切り肉はあっという間に火がとおるので、網に肉をのせたら、下側がこんがり、上側の色がうっすら変わったくらいで保温のゾーン（写真A参照）へ移動させて、熱々のうちに食べよう。

材料と作り方

牛薄切り肉(焼肉用でも切り落としでも)　好きなだけ

焼き肉のたれ(好みのもの)　適宜

※手作りたれはp.36へ。レモン汁や塩、わさびじょうゆで食べてもおいしい

① 炭火を片側に寄せて、保温のゾーンを作りA、網をのせる。
② 網が熱くなったら肉をのせ、裏面がこんがり焼けたらB、裏返して保温のゾーンへ。焼きすぎないうちに好きなたれをつけて食べる。

A

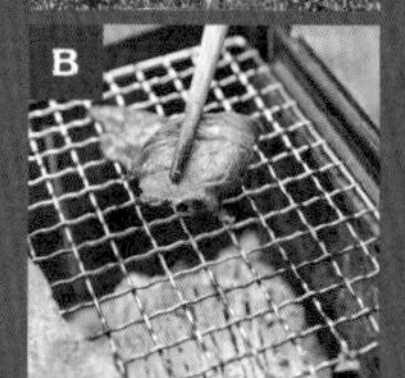
B

牛薄切り肉
SLICED BEEF

あの肉!?

GIATRUS MEAT

あの肉ってなに？　そう、マンガやアニメで見て、みんなが一度は「かぶりつきたい！」と思ったことのある（はず）、豪快骨つき肉のこと。
手ごろなサイズの薪を削って表面を整えて骨に見立て（時間があれば骨型に削りたい！）、マンモス肉部分は薄切り肉。巻きつけながら塩、こしょうをしてしっかり味がついているので、焼けたら、ぜひそのままかぶりついて！
よくばって肉を巻きすぎると中まで火がとおりにくいのでほどほどに。遠火でじっくり火をとおそう。

材料と作り方

牛スライス肉(切り落としなど)　適量

塩、こしょう　適量

① 薪や木の枝の表面を削って整える。
② 肉を木に巻いてⒶ塩、こしょうをふりⒷ、その上からまた肉を巻き、塩、こしょう、を繰り返すⒸ。焼くと肉がほぐれやすいので、きつめに巻くのがコツ。
③ いい大きさになるまで巻きつけたら、肉の表面にオリーブオイルを塗り、焚き火台の縁に薪の両端をのせて火にかけⒹ、ときどき回転させながら弱火でじっくり焼く。

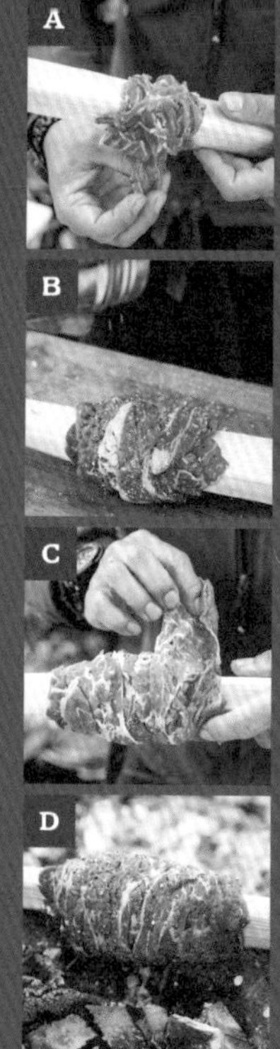

炭火焼き肉&あの肉!?
YAKINIKU & GIATRUS MEAT

HOW TO EAT

1 \炭火焼き肉で/

オリジナルたれ&サンチュ添え

ORIGINAL SAUCE & LETTUCE

フレッシュな唐辛子を使ったオリジナルたれは、けっこう辛味が強いので苦手なら青唐辛子の量を減らして。

たれの材料と作り方

青唐辛子（小口切り）1本
にんにく（すりおろし）2〜3かけ
酒 大2　みりん 大2　はちみつ 大1
しょうゆ 大2　味噌 大1　ごま油 大1

酒とみりんを小鍋に入れて火にかけてアルコール分をとばしてから、すべての材料を入れて混ぜる。

2 \あの肉!?で/ あの肉ラップサンド

WRAP SANDWICH

やわらかくなるまで火であぶったトルティーヤに、そぎ切りにしたあの肉と好みの野菜（レタス、トマト、玉ねぎなど）、マヨネーズをのせて、くるっと巻いてガブリと食べる。オリジナルソース（しょうゆ、赤ワイン、みりん 各大1を軽く煮詰める）やシャリアピンソース（p.20）もあう。

豚かたまり肉 BLOCK PORK

ローストポーク
ROAST PORK

ゴロッとボリューミーなかたまり肉。ローストビーフと違って豚肉はレアで食べないので、火のとおりが心配になってしまうもの。でも焼きすぎてパサパサになるのも避けたいから、適切な温度で上手に火をとおしたい。そんなときは、ふたの出番。鉄板にボウルやカップをかぶせてふたをして、弱火でじっくり中まで火をとおせばいい。
生食はしない豚肉も、内部温度63℃で3分加熱というアメリカの指針がある。肉を切って赤いのはNGだけどピンク色ならOK。心配なら温度を測ることをおすすめする。

材料と作り方

豚肩ロース　400g
塩、こしょう　適量

① 肉全体に塩、こしょうをふってから、炭火にのせて熱したグリルに肉を置いたらA、ホイルやシェラカップなどをかぶせてオーブン効果で熱を入れるB。
② 肉の厚み1cmにつき1分を目安に、片面を焼いたら裏返してC、またふたをして焼く。どちらも弱火のゾーンでじっくり焼くのがポイント。
③ 両面焼いたらふたをしたまま火から外して、余熱で肉を落ち着かせるD。
④ 指で押してみて跳ね返ってくるような弾力があれば、焼けている合図。グニュっと指が入るようだと、まだ生の状態。目安時間まで焼いて、まだのようなら、さっきの半分の時間、追加で焼く。

A
B
C
D

豚かたまり肉
BLOCK PORK

B 豚ばらチャーシュー
GRILLED PORK BELLY

脂と肉のコンビネーションが最高においしい三枚肉をチャーシュー風味に焼き上げる。前日にたれに漬けておけば、あとは焼くだけ。脂を適度に落としたいので網焼きがベター。
たれに漬けた肉は火力が強いとあっという間に焦げてしまうので、おき火の量を減らした弱火ゾーンで、裏表を返しながらじっくり焼いて！
脂が多いうえ、たれをまとっているのでとても焦げやすく焼きあがりがわかりにくいので、切ってみて生っぽければスライスした肉をあぶりながら食べよう。

材料と作り方

豚ばら肉　好きなだけ

漬け込みたれ

- **ウスターソース**　大1
- **しょうゆ**　大1
- **ケチャップ**　大1
- **バルサミコ酢**　大1
- **はちみつ**　大1
- **にんにくチューブ**　小1
- **しょうが**　小1

① 肉の両面にフォークなどをで穴を開ける。
② たれの材料をすべてをジッパーつき保存袋などに入れて混ぜ、肉を入れてひと晩くらい、漬け込むA。前日に仕込んでおけばいい。
③ BBQ当日、炭火にのせて熱した網に肉を脂身を下にして置きB、弱火のゾーンで裏表を返しながらじっくり焼く。焦げないように気をつけて！Cはちょっと焦げてしまった状態。こそげ落とせばOK。

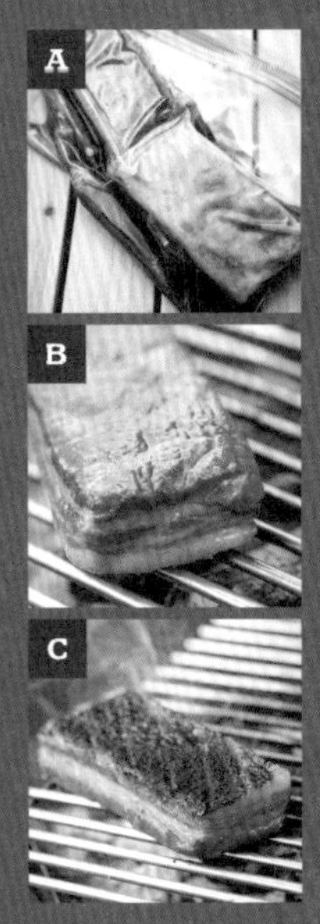

＼ローストポークで／

1 バルサミコソース&ローズマリーポテト添え

BALSAMIC SAUCE & ROSEMARY POTATO

食べやすいサイズに切ったローストポークにはバルサミコソースを。ひと口大に切って揚げたじゃがいもに刻んだローズマリーと塩適量をまぶして、肉に添える。

ソースの材料と作り方

バルサミコ酢を小鍋で、とろみがつくまで煮詰める。

\豚ばらチャーシューで/

2 チャーシューチャーハン

PORK FRIED RICE

豚ばらチャーシュー（角切り）適量
溶き卵 1人前で1個分
長ねぎ（小口切り）適量
温かいご飯 茶碗1杯強
ごま油、塩、こしょう、しょうゆ 各適量

フライパンにごま油を熱し、溶き卵を入れて混ぜ、温かいご飯を投入。ご飯と卵がざっくり混ざったら、チャーシュー、長ねぎを加えて炒め、塩、こしょう、最後に鍋肌からしょうゆ少々をたらして全体を混ぜあわせたら完成。

豚厚切り肉
THICK PORK

ハニーマスタードグリル
HONEY MUSTARD GRILL

塩、こしょうだけで焼いてもおいしい豚の厚切り肉の、簡単なのにひと味ちがうレシピ。
ピリッとしたマスタードと甘いはちみつをあわせるというと「え?」と思うかもしれないけれど、おいしさは間違いなし。
ここでも弱〜中火でじっくりの基本は守るけど、肉の厚みがなくてソースも加えるので、火のとおり具合は心配しなくてもOK。むしろ焼きすぎに注意したい。

材料と作り方

豚ロース肉　好きなだけ

塩、こしょう　適量

オリーブオイル　適量

ソース

白ワイン　大1
はちみつ　大1
粒マスタード　大1
しょうゆ　小1

① 肉には塩、こしょうをふる。ソースの材料は混ぜあわせておく。
② スキレットにオリーブオイルを入れて炭火で熱してから肉を入れ、片面がこんがりするまで焼くⒶ。
③ 裏返したらソースを加えⒷ、肉全体にソースがからむようにスキレットをゆすりながらⒸ、ソースがとろりとするまで焼き煮にする。

肉をたくさん焼く場合は、同じ割合でソースを増量して。

豚厚切り肉
THICK PORK

豚ばら味噌漬けグリル
MISO-ZUKE PORK GRILL

豚肉の甘い脂と味噌だれに、ほんのり焦げた風味が相性抜群。酒のつまみにもご飯のおかずにもあう味つけで、アレンジレシピにも使いやすい。
脂の多いばら肉なので、網焼きにして脂を適度に落としつつ、こんがり香ばしく焼こう。脂とたれが焦げやすく、焼きすぎるとせっかくの脂の旨みもなくなってしまうので、最適な焼き具合を見極めたいレシピだ。

材料と作り方

豚ばら肉　好きなだけ

漬け込みたれ

- にんにく　小1
- 味噌　大2
- みりん　大1
- 砂糖　大1
- 酒　大1
- ごま油　小1

① にんにくはすりろしてたれの材料をすべて混ぜあわせ、保存袋などで食べやすいサイズに切った肉を漬け込むⒶ。前日に仕込んでおくといい。
② 炭火に網をのせて熱し、肉を置く。焦げやすいので弱火のゾーンでじっくりと、片面が焼けたら裏返して両面を焼く。

＼ハニーマスタードグリルで／

1 マスタードポークのクリーム煮

MUSTARD PORK IN CREAM

サラダ油を熱したスキレットにスライスした玉ねぎと好みのきのこ適量を炒めて、生クリームをひたひたくらい加えたところに、食べやすいサイズに切った肉を加えてからめるだけ。マスタードの酸みとはちみつの甘みが、クリームと相性よし。

＼豚ばら味噌漬けグリルで／

2

味噌ぶた焼きそば

MISO PORK FRIED NOODLES

豚ばら味噌漬けグリル（1〜2㎝幅）適量
キャベツ（ざく切り）、もやし、にんじん（短冊切り）各適量
焼きそば 1玉
サラダ油 適量
オイスターソース 大3
鶏がらスープの素 小1
水 少々

① サラダ油を熱したフライパンでキャベツ、もやし、にんじんと炒め、少し遅れて肉を投入。さっと炒めたら焼きそばをほぐしながら入れて炒める（先に焼きそばの表面の油分を水で洗っておくといい）。
② オイスターソース、鶏がらスープの素、水を加えて水分がなくなるまで炒めれば完成。

WITH OYSTER SAUCE

丸鶏肉

WHOLE CHICKEN

ビア缶チキン
BEER CAN CHICKEN

とっておきのBBQレシピ、鶏の丸焼きは、漬け込みたれで下味をつけてから、バケツをオーブン代わりにして焼くワイルドスタイル。
ビール缶を使って鶏を立てて焼くことで、お腹の中にも均一に熱が入るというアイデアレシピだ。空き缶は、温度が上がりすぎないためと重石のために水を入れて使う。
食べきれなくても、いろんなレシピに使いまわせるけど、一番おいしいもも肉は、焼いて切り分けたらすぐに食べてほしい！

材料と作り方

丸鶏　1羽

漬け込みたれ

- **水**　400mℓ
- **塩**　大2
- **砂糖**　大2
- **にんにく**　2～3かけ
- **黒粒こしょう**　少々
- **あればローリエ**　1～2枚
- **あればパセリ**　2～3本

① にんにくは皮をむいてから包丁の腹でつぶす。こしょうは叩いてつぶしてからたれの材料すべてを混ぜて、保存袋などに肉と入れ、空気を抜いてひと晩漬ける。

② 肉を右のように処理して、水（分量外）を半分ほど入れたビールの空き缶を肉の腹に入れて鉄皿にのせる。

③ 全身にオリーブオイルを塗ってから皿ごと網にのせ、上からバケツをかぶせて40分ほど焼く。

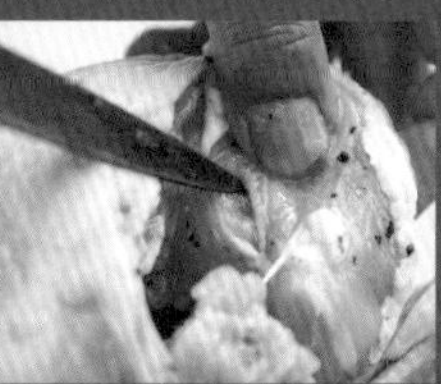

背骨に沿って残った内臓を取り除いてきれいにしてから、写真の位置に切れ目を入れる。

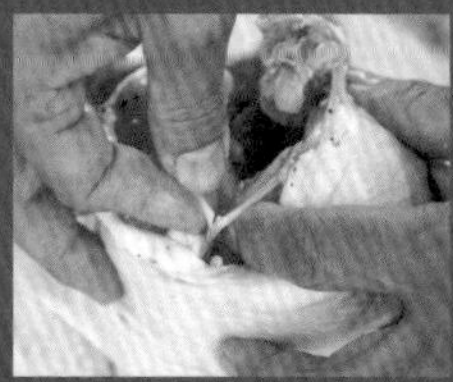

切れ目の部分を指で探り、鎖骨を取り除く。外しておくと、解体がしやすい。

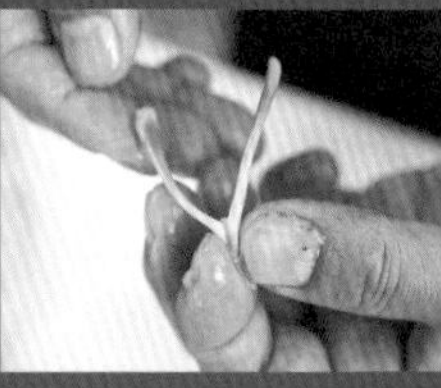

これが鎖骨。左右の2本がV字型にくっついている。松葉、と呼ばれる部位。

腹の空洞に水を半分ほど注いだ空き缶を入れて、鶏肉をバランスよく立たせる。

アルミホイルで包んだ鉄皿に鶏肉を置き、全体にオリーブオイルを塗りつける。

火にかけたら、バケツをかぶせて蒸し焼きにする。バケツも熱くなるので取り扱い注意で！

まずはもも肉を胴から切り離す。胴とももの間、脚の根元の関節にナイフを入れて脚を開くようにすると自然に割れてくれる。ひざ関節にナイフを入れてももとふくらはぎを分割してもOK。

次はむね肉。首から下からまっすぐのところにモヒカン状の胸骨があり、その左右に大きい胸肉がついている。モヒカン状の骨を意識してその左右からナイフを入れて肋骨に沿ってむね肉を外す。胸骨の根元にある勝手に外れる肉がささみだ。

翼の部分の手羽先と手羽元は関節をこじるようにして外す。外れないようならナイフを入れればOK。

部位別にサーブすると
食べやすいしカッコいい。
残った胴体の背中側に
小さな肉が残っているの
で指でほぐして食べよう。

ビア缶チキン
BEER CAN CHICKEN
HOW TO EAT

NEXT MORNING!

1
チキンサンド
CHICKEN SANDWICH

お好きなパンにベビーリーフなどの葉もの野菜、スライスしたチキンと玉ねぎをはさむだけ。しょうゆ、赤ワイン、みりんを同量ずつ煮詰めたソースがあう。

ALL-PURPOSE

2
鶏がらスープ
CHICKEN BROTH SOUP

肉をおいしく食べた残りのがらでスープを取ろう。鍋に鶏がらがかぶるくらいの水を入れて強火で沸かす。浮かんできたアクを取りおえたら、弱火にして1時間ほど煮る。水が少なくなったら適宜加える。完成したスープは、がらを取り除いて具を加えてスープとして飲んだり、料理に利用したり、使い道はいろいろ！

THAT WAS QUICK

3

洋風チキン雑炊

CHICKEN RISOTTO

作った鶏がらスープにカットしたトマトを入れて火にかけ、トマトが少し煮崩れたら、ご飯とほぐしたチキンを好きなだけ入れてサッと煮る。チーズとこしょうをたっぷりかけると激ウマ！

4

鶏塩ラーメン

CHICKEN SHIO RAMEN

好みのインスタントラーメン（塩味がおすすめ）を水の代わりに、鶏のスープで作る。味は付属のスープを使えば簡単だけど、塩やしょうゆで自分で味つけすると、チキンの旨みをより感じられる味になる。

I KNEW IT!

鶏もも肉
BIRD THIGH

グリルチキン
GRILLED CHICKEN

シンプルに塩とこしょうだけで焼いた鶏肉は、そのまま食べてもいいし、トマトやクリーム、チーズにスパイス、いろんなソースとの相性もよし。つまみにもおかずにも、お酒にもご飯にもパンにも合う、いろんな食べ方ができるアレンジの幅の広さが魅力。
熱々にしたスキレットで皮をパリパリに焼くのがポイント。焼きはじめから鍋底に押しつけて、鶏から出る脂で揚げ焼きにするイメージで、焼いてみよう。

材料と作り方

鶏もも肉 好きなだけ

塩、こしょう 適量

オリーブオイル 適量

① 鶏もも肉は軟骨や血液があれば取り除き、表裏に塩、こしょうをふる。
② スキレットにオリーブオイルを入れて炭火にのせて熱してから、鶏肉を入れて皮目から焼く。
③ トングなどで押しつけて脂を出していくA。このまま8割がた火をとおすイメージB。
④ 皮が茶色くパリパリに焼けたら裏返し、スキレットを弱火のゾーンに移動してC、あとは余熱で火をとおす。

鶏もも肉
BIRD THIGH

B 2種の漬け込みチキン
TANDOORI CHICKEN & JERK CHICKEN

シンプルでもおいしいけれど、漬けこみチキンもやっぱりおいしい。家から漬け込んでいけば、みんなでワイワイ焼きながらすぐに食べられる。
鶏肉は火がとおりにくいのでゴロゴロとぶつ切りにするよりも、削ぐようにスライスするイメージで切ったほうが火がとおりやすくなり安心。ただしたれが焦げやすいので遠火で、みんなで見守りながらじっくり焼こう。

材料と作り方

鶏もも肉　好きなだけ

タンドリーチキンの漬け込みたれ

- **ヨーグルト**　500g
- **カレー粉**　20g
- **塩**　10g
- **にんにく**(チューブ)　3cm程度
- **しょうが**(チューブ)　3cm程度
- **ケチャップ**　50g
- **レモン汁**　1/2個分

ジャークチキンの漬け込みたれ

- **パプリカパウダー**　小1
- **クミンパウダー**　小1
- **タイムパウダー**　小1
- **チリペッパーパウダー**(好みで)　少々
- **にんにく**(チューブ)　1cm
- **しょうが**(チューブ)　1cm
- **ライム汁**　1/2個分

① たれの材料をそれぞれ全部混ぜあわせたものに、食べやすいサイズに切った鶏肉をひと晩漬ける[A]。

② 炭火に網をのせて熱して肉を置き、焦げに気をつけながら弱火のゾーンで両面を焼く。スキレット（鉄板）で焼いてもいい。

グリルチキンと
2種の漬け込みチキン
GRILLED CHICKEN / TANDOORI&JERK CHICKEN

HOW TO EAT

1 チキンとトマトソース

CHICKEN & TOMATO SAUCE

\グリルチキンで/

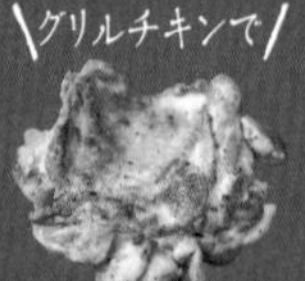

塩、こしょうで焼いたチキンは、そのまま食べてもおいしいし、トマトソースをかけて食べるのもおすすめ。

ソースの材料と作り方

カットトマト缶 1/4缶　赤ワイン 大1　バルサミコ酢 大1/2
にんにく（すりおろし）小1　を小鍋に合わせて煮詰める。

MORE DELICIOUS!

\タンドリーチキンで/

2 タンドリーチキンパスタ

CHICKEN PASTA

タンドリーチキン 好きなだけ
じゃがいも（薄くスライス）1/2個分
にんにく（みじん切り）1かけ分
パスタ 100g〜
ブロッコリー、トマト 各適量
塩、こしょう 適量

① パスタをゆでる湯（水1ℓに対し大1強の塩を入れる）を沸かす。
② スキレットににんにくとオリーブオイル（分量外）を入れて熱し、食べやすく切ったチキン、じゃがいもを入れ、パスタ用の湯を適量加えて軽く煮る。このタイミングでパスタをゆではじめる。
③ ブロッコリーとトマトを2に加え少し煮て、ゆで上がったパスタを投入。塩、こしょうで味をつけ、最後にEXバージンオイル（分量外）をひとまわしほど加えて混ぜたら完成。

\ジャークチキンで/

3 ジャンバラヤ

JAMBALAYA

ジャークチキン 好きなだけ
にんにく（みじん切り）1かけ分
玉ねぎ（角切り）1/4個分
ミニトマト 5個
ピーマン（細切り）1/2個分
残ったジャークチキンの漬けたれ 大1
無洗米（水540mℓに30分ほどつけておく）3合

① スキレットににんにくとオリーブオイル（分量外）を入れて熱して香りを出す。
② 玉ねぎ、ミニトマト、ピーマンとジャークチキンの半量を入れてサッと炒める。
③ 漬けたれと米を水ごと加えてかき混ぜて、強火エリアで沸かす。沸いたら弱火エリアに移動して10分ほど炊く。
④ 米が炊けたら、残りのピーマン、ジャークチキンをのせて、ふたをして数分蒸らす。

魚介 SEAFOOD

直火焼き

TIKABI YAKI

炭火で焼く魚の串焼きはBBQならではの調理法。皮がパリッと身がジューシーな焼き上がりは、ふだんの家での食事ではなかなか食べられない極上の味。自分で釣った鮎や鱒を焼けば、おいしさは倍増！　秋刀魚やアジなど海の魚も超おいしいし、いろんな魚で試してみたい。
魚の焼き方は昔から「遠火の強火」。表面はパリッと焼いても中まで焼きすぎないテクニックだ。

1 鮎の塩焼き

GRILLED AYU

魚 好きなだけ
塩 適量

① 魚は鮎ならそのまま、鱒は内臓を取り除き串を打ち、塩をふる（写真参照）。
② 炭火の炎が落ち着いて、炭が白っぽく見えるおき火の状態になってから、炭からなるべく離して（5〜10㎝）魚を置き、様子を見ながらときどき表裏を返しながら焼く。塩が白く浮いて皮がパリパリに香ばしく焼けてきたらOK。

エラから串を斜めに入れる。ここから魚がS字を描くように串を打っていく。魚が滑るので気をつけて！

胸びれのあたりに串を出したら、腹の真ん中あたりに刺して、尾の付け根に出す。

高い位置から魚全体に塩をふったら、ひれにはたっぷりと塩をつける。

平行に2本串を打つことで、魚がくるくる回るのを防ぐことができる。

網焼き
AMI YAKI

海の幸のBBQといえば、網焼きが気分だ。海辺の屋台っぽさもある。肉がメインのBBQでも魚介を焼けば、炭火の力でいつもと違うおいしさになるはず。魚は串焼き同様に遠めの強火でじっくり焼いて、貝は弱火でじっくり焼きつつも、焼きすぎるとかたくなってしまうのでタイミングを見極めて。おいしい汁がこぼれないように置き方にも要注意。

1 焼き貝
GRILLED OYSTER SAZAE

カキ OYSTER

① 殻にナイフを入れて貝柱を切って開け、身を取り出し、身と殻を洗う。
② 洗った殻に身を戻して塩と白ワイン各少々をふりかけ、アルミホイルをかぶせて弱火ゾーンでじっくり焼く。
③ 同時にスキレットでパン粉、にんにく、パセリ、こしょうとオリーブオイル（各適量）を混ぜて炒める。
④ ホイルをめくってカキの身がプクッと膨らんできたら、あと2〜3分、火をとおしすぎない程度に焼き3をのせレモンを絞る。

サザエ TURBAN SHELL

① 口を上にしてしょうゆ、バター、にんにく（各適量）を入れて弱火でじっくり焼く。
② 貝の中がブクブクしはじめてから2〜3分程度で完成。フォークなどでフタを取って食べる。

2 ぶりかまスパイシーグリル
YELLOWTAIL SPICY GRILL

ぶりかま 1個
クミンパウダー 、コリアンダーパウダー 各小1/2
レモン汁 小1
オリーブオイル 大1～2
塩、こしょう 少々

① ぶりかまは洗って、血合い、汚れ、鱗などをきれいにし、キッチンペーパーで余分な水分を拭く。
② 残りの材料をすべてあわせたものを魚にからめてから、網の弱火ゾーンに置き、上からアルミホイルをかぶせてじっくり焼く。
③ 大きさにもよるが片面5分を目安にひっくり返して両面を色よく焼く。

EAT HOT

鉄板焼き
TEPPAN YAKI

魚介のBBQには網焼きではできない調理もたくさんある。水分やオイルを利用した調理は鉄板やスキレットの出番。魚の旨みを利用したソースやスープが作れるのが最大の魅力。このとき、弱火でじっくり加熱するよりも中火から強火で、魚介の表面に焼き色をつけてから水分を加えるといい。こうすることで焼き料理と蒸し＆煮る料理のいいとこ取りができるのだ。

1 ガーリックシュリンプ
GARLIC SHRIMP

えび 10尾程度
にんにく 2かけ
レモン汁 1/2個分
オリーブオイル 大1～2
塩、こしょう 少々
バター 大1/2～1
イタリアンパセリ 適宜

① えびは殻をむき、背に包丁を入れて背わたを取る。
② 保存袋に刻んだにんにく、レモン汁、オリーブオイルとえびを入れてもみ、1時間ほど漬け込む（前日から漬けてもOK）。
③ スキレットを中火ゾーンで熱し、えびを漬け汁ごと入れる。えびはなるべく重ならないように並べて両面を焼き、仕上げにバターを落として塩、こしょうで味をつけ、刻んだイタリアンパセリをのせる。

2 まぐろテールステーキ
TUNA TAIL STEAK

まぐろテール肉 1個
にんにく 1かけ
オリーブオイル 適量
白ワイン 大1
塩、こしょう 少々
ローズマリー 1枝

① まぐろに塩をふり、できれば常温に戻す。
② スキレットにオリーブオイルとにんにくを入れて熱し、香りが出たらにんにくは取り出す。
③ キッチンペーパーでまぐろの余分な水分を拭きスキレットに入れ、ローズマリーをのせて中火ゾーンでじっくり焼く。
④ 5分ほどでひっくり返し、白ワインをふりかけてふたをして5分ほど火をとおしたら、こしょうを軽くふる。

ホイル焼き
FOIL YAKI

旨みと水分をギュッと封じこめるホイル焼きは、焼きはするものの蒸し料理でもあり、素材自体のもつ水分を利用する調理法。素材を重ねるときには水分が多い素材を下に置くのが鉄則だ。ホイルが破けやすいので取り扱いには要注意！　ホイルを開くと蒸気があがるので、やけどにも注意。

1
いか丸ごとホイル焼き
WHOLE SQUID BAKED IN FOIL

いか 1杯
にんにく 1かけ
黒オリーブ 4〜5個
ミニトマト 3〜4個
オリーブオイル 適量
塩、こしょう 適量
イタリアンパセリ 適宜

① いかはつぶさないように肝を取り出し、軟骨、クチバシ、目を取り除く。胴は輪切り、げそと肝は食べやすいサイズに切る。皮はむかなくてOK。にんにくは薄切り、オリーブとトマトは半分に切る。
② アルミホイルにオリーブオイル、にんにく、オリーブ、トマトを並べて、いかを全部のせる。
③ 塩、こしょうをふりホイルをとじ、弱火〜中火のゾーンに置く。ホイルのとじ目から蒸気が出てから2〜3分焼き、刻んだイタリアンパセリをのせる。

2 すずきのホイル焼き
SEABASS BAKED IN FOIL

すずき（切り身）1〜2切れ
玉ねぎ 1/4個
きのこ 適量
ミニトマト 1〜2個
タイム 1〜2枝
塩、こしょう 適量
バター 大1/2〜1
白ワイン 少々

① 玉ねぎは薄切り、きのこは食べやすいサイズに、トマトは1/4に切る。すずきに塩、こしょうをふる。
② アルミホイルに玉ねぎを敷き、きのこ、トマトを散らしてすずき、その上にタイムとバターをのせて軽く白ワインをふる。
③ ホイルをとじて弱火〜中火ゾーンに置く。ホイルのとじ目から蒸気が出てから2〜3分焼く。

野菜

VEGETABLES

丸ごと焼き

MARUGOTO YAKI

調理器具一切ナシの炭火にぶちこむザ・男前料理。皮がしっかりしていて水分が多い野菜に向いている。炭火の香りが野菜に移り、野菜自身の水分で蒸し焼きになるので野菜の旨みと炭火の香ばしさの融合をシンプルに楽しめる。長ねぎ、玉ねぎ、かぼちゃ、パプリカの丸ごと焼きもおすすめ！

1

黒焼きキャベツ

ROASTED CABBAGE

キャベツ 1個

ソースの材料

- ヨーグルト 200mℓ
- ディル 適量
- レモン汁 1/2個分
- 塩 少々

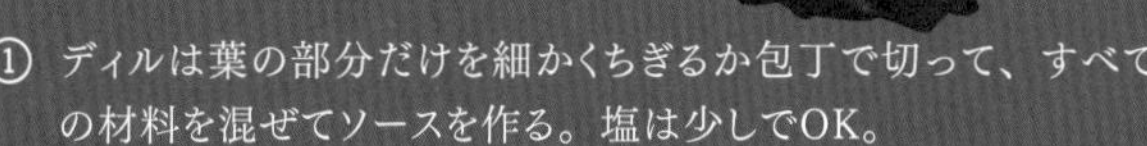

① ディルは葉の部分だけを細かくちぎるか包丁で切って、すべての材料を混ぜてソースを作る。塩は少しでOK。

② 炭火の中にキャベツを丸ごと入れる。上に炭がかぶらないようなら薪を組んで焚き火をしながらA、全方位から熱を入れる。表面が真っ黒になっても全然、問題なし。

③ ほぼ放置する状態で長い時間をかけて焼く。火は強い必要はないが絶やさないようにする。

④ 30分ほど焼いて串を刺してスッととおるようになれば完成。黒焦げになった外葉をむいてB食べやすいサイズにカットしC、ソースを添える。野菜の旨みを邪魔しない万能ソースなので、いろいろな野菜に合わせてみて。

2

焼きなす

ROASTED EGGPLANT

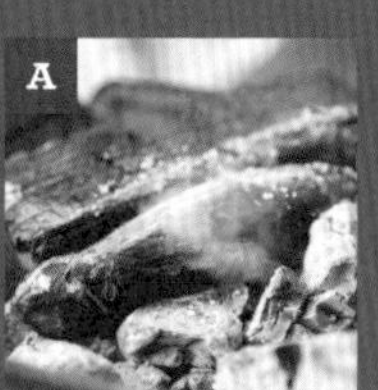

なす 好きなだけ

① 炭火の中になすを入れて上にも炭をかぶせるA。あっという間に完成するので目を離さないこと。

② 焼き時間の目安は3分ほど。さけた皮の部分から蒸気が出てきたらあと1分といったところ。

③ しょうゆを垂らして召し上がれ。

オイルコーティング焼き

OILCOATING YAKI

カット野菜をBBQにすると気づけばパサパサのカリカリになってしまう……BBQあるあるだ(焼き肉に添えられている野菜とか)。
オイルでコーティングすることで水分の蒸発をおさえられ、しっとりふっくらの仕上がりに。焼き面が波型のグリルパンで焼くのがお約束。野菜がべったり底につかないので火かげんを気にしなくても、焦がさず上手に焼けるのだ。

1 カラフル野菜焼き

GRILLED COLORFUL VEGETABLES

かぼちゃ、パプリカ、アスパラガス、ズッキーニ、ヤングコーンなど好みの野菜 好きなだけ
オリーブオイル 適量
塩、こしょう 適量

① 食べやすいサイズに切った野菜をボウルに入れ、オリーブオイルと塩、こしょうを加えて混ぜ、野菜全体にいき渡らせる。ボウルをあおって野菜を中で転がすといい。
② 炭火にのせて熱したグリルパンに野菜を並べて焼く。焼き色がついたものから裏返し、両面においしそうな焼き色がつくまで焼く。

ホイル焼き
BAKED IN FOIL

丸ごと焼きも、オイルコーティング焼きも、そしてこのホイル焼きも、野菜をおいしく焼くには、野菜自身の水分を逃さないことが大事。アルミホイルで包めば表面が焦げずに長時間じっくり焼けるので、いもやリンゴなど皮が薄い野菜や果物のほか、カットした野菜を焼くのにも向いている。

1 焼きいも
BAKED SWEETPOTATO

① さつまいもは洗って、濡らしたキッチンペーパーや新聞、その上からアルミホイルで包んでA、炭火の端に置く。
② 5分おきに1/4回転ずつ回しながら30分～1時間ほど焼いて完成。ゆっくりじっくり低温で加熱することでデンプンが糖化して蜜のような甘い焼きいもになる。

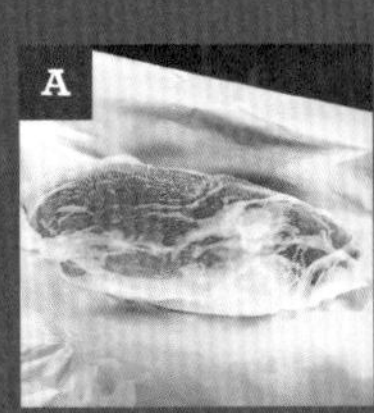
A

2 焼きりんご
BAKED APPLE

① りんごの芯を抜き、その穴に砂糖、バター各大1（お好みで）、シナモンスティック（なければパウダーでも）を入れてホイルで包む。
② リンゴの上下を間違えないように注意して、横から火が入るように炭火の端に置く。
③ 2～3分おきに1/4回転（上面はキープ）して1回転したら完成。

炭火の上手な扱い方

IDEA and METHOD

BBQのなにが厄介かといえば、使い慣れない炭火の扱い。火をつけるのも難しいし、火力調整なんてできるの？でも最小限の扱い方を知っていればBBQを楽しむことはできる。厳密な火かげんなんてわからなくても、肉も魚も野菜も焼ける。一番、大切なのは、火、素材と向き合うことだったりする。

炭火の
上手な扱い方
IDEA and METHOD

炭を用意する

BBQの燃料として使われるのが「木炭」。木材を焼いて炭化させたもので、ずっと炎が出つづけ、短時間で燃え尽きてしまう焚き火と違って、炭火は安定した火力が得られ、長時間燃焼するため調理に適している。原料となる木材の種類や製造方法、形状などが違ういくつかのタイプがあり、それぞれ使い勝手や価格も異なる。出る煙や熱が直接素材に触れるため、炭が違えば料理の香りや焼きあがりもダイレクトに変わる。いろいろ試して使い分ければBBQがもっと楽しくおいしくなる！

黒炭

通常BBQ に使われるのはこのタイプ。原材料はナラ、クヌギ、カシ、安価なものではマングローブなど。火がつきやすく早く高温になる使いやすい炭。入手もしやすい。

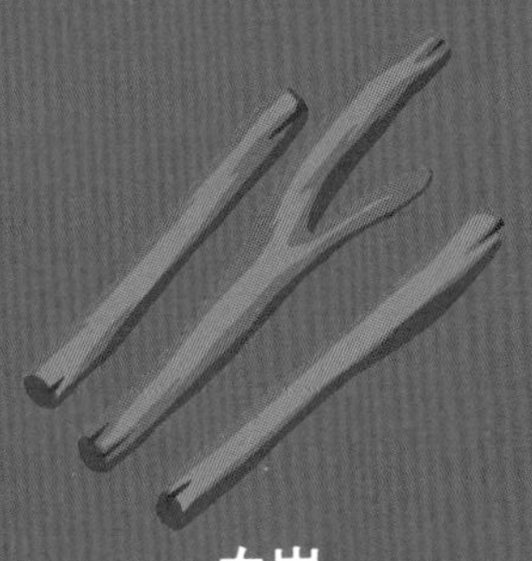

白炭

高級炭として知られる備長炭が代表格。原材料はウバメガシなど。かたくて火がつきにくいが長時間安定した火力が得られる。

オガ炭

おがくずを固めて整形したオガライトを原料とした木炭。白炭に似た性質で長時間、高温が得られ、備長炭などよりコスパもいい。

その他の木炭

ヤシガラや木屑を接着剤で固めたものを炭化する成型炭や豆炭などもBBQ に使われるが、素材を直接あぶる網焼きなどでは接着剤不使用の炭を使いたい。

BBQの道具

炭火の上手な扱い方
IDEA and METHOD

欠かせないのはコンロ代わりの焚き火台やグリルと食材をのせる網や鉄板。それぞれにいろいろなタイプがあるので、各自のBBQスタイルにあったものを選ぼう。また、火を扱うためのトングや耐熱の手袋は安全のためにも必ず用意したい。

焚き火台

最もポピュラーなのが、焚き火台。サイズバリエーションも豊富で炎を楽しむ焚き火にもBBQにも使えて便利。風の通り道（燃焼効率）などに工夫がされているが、焚き火に特化したもの（通風がとてもいいなど）には炭火に向かないものもある。

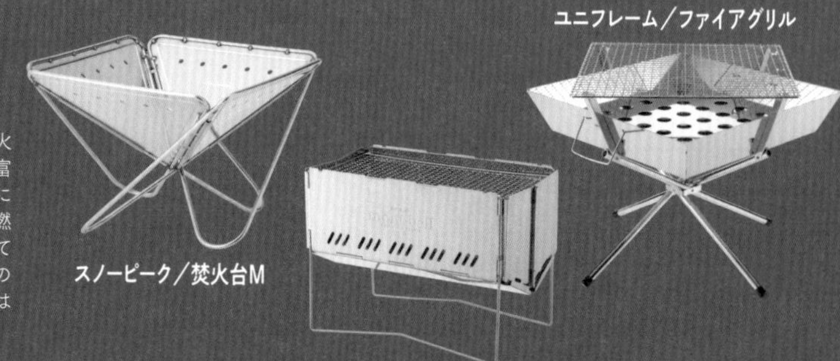

スノーピーク／焚火台M

モンベル／フォールディング ファイヤーピット

ユニフレーム／ファイアグリル

BBQグリル

ちょっと大型のBBQ専用のグリルは大人数のBBQに最適。携帯性には劣るが自宅でBBQをする機会が多いならふた付きグリルが絶対的おすすめ。ガスや電気併用のタイプなら着火の手間もない。

ウェーバー／
コンパクトケトル チャコールグリル

ユニフレーム／UF タフグリル

ミニグリル

近年注目のソロ〜2人前サイズのコンパクトなグリルは手軽にBBQを楽しむのに最適。ミニサイズのロストルや鉄板と合わせて使いこなしたい。

テンマクデザイン／男前ファイアグリル

ユニフレーム ／薪グリルsolo

網、鉄板

BBQに必須の道具。炭火をダイレクトに味わいたい、脂を落としたければ網、細かな食材のレシピや脂を活かすときなどには鉄板、と使い分けるといい。耐久性にも注目して選びたい。

ユニフレーム／ヘビーロストル

ユニフレーム／焼き網

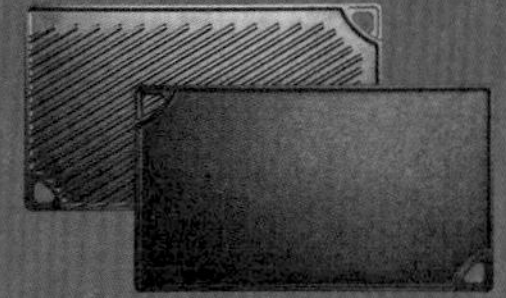

ロッジ／ダブルグリドル

テンマクデザイン／男前グリルプレート

スキレット、グリルパン

鉄板焼きには、屋台のような大型の鉄板もあるが扱いやすいスキレットを使うのもおすすめ。本書の鉄板焼きは、ほぼスキレットを使用した。焼き面が波型のグリルパンならまた違った焼きあがりになる。

ロッジ／スキレット

ロッジ／スクエアグリルパン

ダッチオーブン

使いこなせるとBBQ料理の幅が広がる。煮込む料理に使うことが多いが、上火も用いてオーブンとして使えれば料理の幅がグンと広がる。なんとパンだって焼けるのだ。

ロッジ／ダッチオーブン

ロッジ／キャンプオーブン

ソト／ステンレスダッチオーブン

ほか

BBQに必須の小物類。炭火を扱うトングや耐火・耐熱性のあるグローブは必須アイテムだ。トングは炭火用と食材用を使い分けよう。

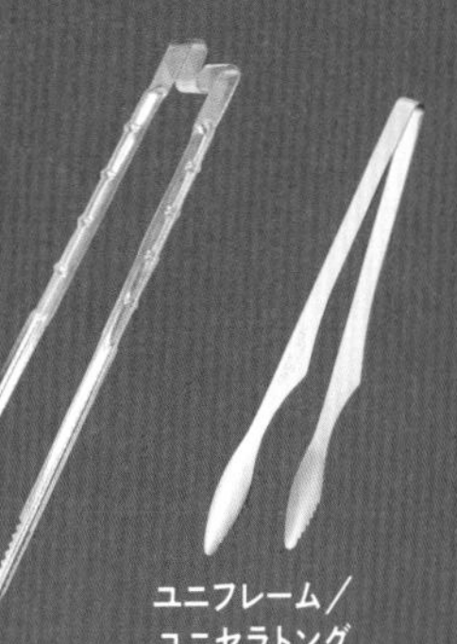

テンマクデザイン／キングトング

ユニフレーム／ユニセラトング

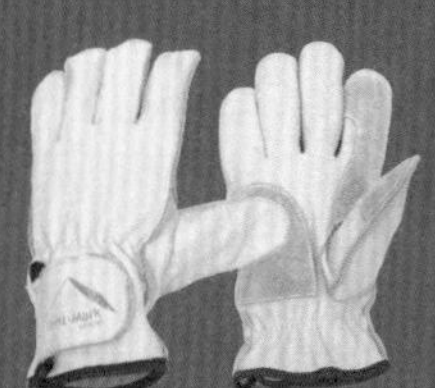

テンマクデザイン／鹿革グローブ

ソト／フィールドライターターボ

火をつけておき火を作る

炭火の上手な扱い方
IDEA and METHOD

上手に焼くためには、いいおき火を作ることがとても大事だ。炭から炎が出ている段階では食材を焼くにはまだまだ早い。ここをきちんとしないと、生焼け、ムラ焼け、真っ黒焦げは免れない。火がまわれば火力は安定するものの、そこに到達するまでに少々時間がかかるのが炭の特性。慣れていないと着火にも少し手間取るかもしれないが、着火さえできれば基本的にはあとは待つだけ。お腹が空く前に、いい火を作りはじめよう。

1 炭を組む

炭を上手に組めると、火は格段につきやすくなる。ポイントは空気の通り道を確保すること。大きめの炭を選んで、ゲンコツ型の炭の場合は写真のように木の繊維を縦方向に並べる。炭から炭へ火が移るよう炭を隣り合わせて、細い炭はすき間に立てかけるようにするといい。備長炭やおが炭など細長い炭は立てられないので、井桁に組む。

最初に写真くらいの量に着火。木の繊維が垂直方向になるように置けば、炭の内部にも空気がとおり火がつきやすい。

2 着火する

市販の着火剤を使うのが手っ取り早い。組んだ炭の下から上へ炎が当たるよう、着火剤の上に炭を組んで点火。あとは、あまり触らず炭に火がつき広がっていくのを待つだけ。燃え広がり方がにぶければ、うちわや火吹き棒で風を送ってもいい。

牛乳パックで作った焚きつけを使った例。V字の下端に点火してから、炭の下方から炎が当たるようにすき間に差し込む。

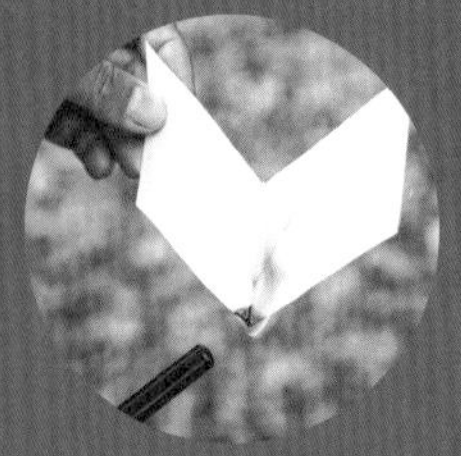

3 おき火ができるのを待つ

炎が収まり、炭の表面がうっすら白く中が真っ赤な状態がいいおき火。炎ではなく、この高温の熱（赤外線）で食材に火をとおすイメージだ。ここまでくると遠火でも意外なほどの火力が得られる。炭が少なくなってきたら、まだある程度赤い炭が残っている間に新しい炭を足す。火が弱くなりすぎていると、次の炭に火がつきにくくなるのでタイミングが大事。

火力を整える

炭火の上手な扱い方
IDEA and METHOD

いい感じのおき火ができたら、あとは焼くだけ。でも、レシピによっては強火にしたい、弱火にしたいときもある。BBQでは家庭のコンロのような火力調整ができないので、炭火との距離で強火、弱火を調節する。グリルの中の炭の置き方を工夫して、平面のなかに強火エリアと弱火・遠火エリアを作っておけば、食材の置く位置での火力調節が可能になる。超遠火エリアは保温ゾーンとしても使える。

1 縦割りバージョン

炭を片側に寄せて、強火エリアと弱火エリアを2分割する基本のバージョン。真ん中あたりは中火のエリアになる。なかでも長方形のグリルや小さめのグリルに向き、どんなレシピにも対応できる。グリルの大きさに合わせて分割の割合を調整しよう。

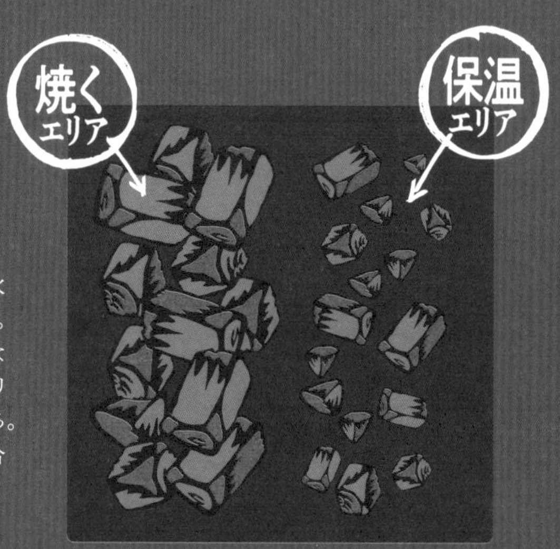

2 円状バージョン

真ん中に炭を寄せて、周囲を弱火エリアにするバージョン。中心部との距離で火力が調節できる。特に大型のBBQグリルに向いていて、全方位に強火～弱火のエリアが作れるので、大勢で火を囲むのにはぴったり。

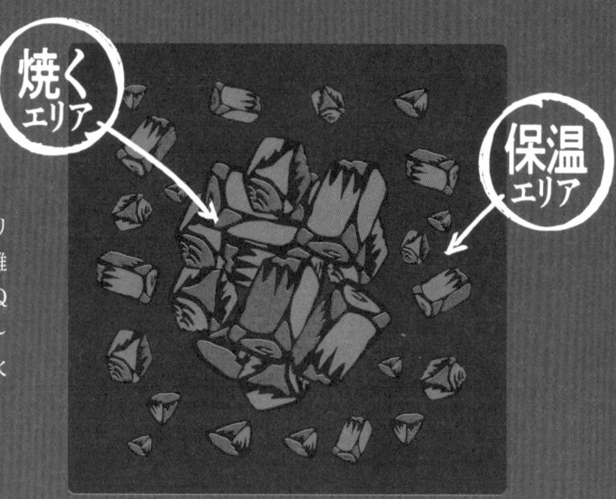

焼き道具をセットする

炭火の上手な扱い方
IDEA and METHOD

炭火が整ったらグリルに焼き道具をセットする。網や鉄板はグリルや焚き火台に付属（または専用）のものならぴったりフィットする。サイズが合わない場合は斜めに置いたり、ロストルを利用するといい。スキレットやダッチオーブンは、網をセットした上に置いても、ワイルドに炭火の上に直置きしてもOK。ミニ鉄板にはミニグリルやスリムなロストルがあるとベストマッチする。

1 網焼きは直接セット

火力を細かくコントロールしやすいのが網焼き。食材を置く場所や向きを変えることで繊細に調理できる。焚火台やグリルの上に直接置いて使う。付属（または専用）品なら、指定の置き方に従って置く。

2 鍋類は網か直置き

網やロストルの上に置くのが安定感の面ではgood!　炭との距離がありすぎて火力が上がらない場合は炭の上に直接載せてもいい。厚みのある鋳物のスキレットやダッチオーブン本来の使い方だ。バランスだけ気をつけて。

3 ミニ鉄板にはロストルやミニグリルが便利

近頃人気のミニ鉄板はコンパクトサイズのグリルと好相性。ソロBBQにはこの組み合わせで。スリムタイプのロストルもちょい焼きに便利。

PART 2 おすすめ！BBQレシピ集

BBQのレシピといったら、炭火を生かした「焼くもの」がポピュラーだけど、焼かないレシピだって大歓迎！　炭火を起こすまでの時間になにかつまめればうれしいし、肉以外のものも食べたいし、おつまみばかりじゃなくご飯のおかずや温かいスープがあれば、1日3食のBBQだって楽しめちゃう。そんな欲望を叶えられる、多彩なレシピ集。お気に入りのレシピを見つけて、いつかは全部試してみて！

＼火が起きるまでの／

パパッとつまみレシピ

炭火を起こして肉が焼けるまで……
意外と時間がかかるもの。
火を使わないレシピで、
まずは乾杯しちゃおう！

1 キャロットラペ

CAROTTES RAPEES

にんじん 1本
白ワインビネガー、オレンジジュース、
EXバージンオリーブオイル 各大1
レーズン、好みのナッツ 適量

① にんじんは皮をむき、長さ5cmほどの薄い短冊切りにする。
② ボウルにすべての材料を入れて混ぜあわせ、5分ほどおく。

おうちで作ってきても

2 かぶとルッコラと生ハムのマリネ

MARINADE TURNIP & ROQUETTE & PROSCIUTTO

かぶ、ルッコラ、生ハム 各適量
EXバージンオリーブオイル、
白ワインビネガー 各大1
塩、こしょう 適量

① かぶは皮をむき、1/8〜1/12の三日月形にきってから、塩をふり5分ほどおいて水けを絞る。ルッコラ、ハムは食べやすいサイズにちぎる。
② ボウルにかぶ、ルッコラ、ハム、オイルとビネガーを入れて和え、塩、こしょうで味つけする。

こしょう多めがおいしい

3 スモークサーモンのチョップドサラダ

CHOPPED SALAD (WITH SMOKED SALMON)

スモークサーモン 好きなだけ
紫玉ねぎ、パプリカ 各1/2個
きゅうり 1本
ミニトマト 4〜5個
アボカド 1個
レモン汁 1/2個分
EXバージンオリーブオイル 大1
塩、こしょう 適量
あればチコリ 適宜

① サーモンと野菜はすべて1㎝程度の角切りにして、残りの材料とボウルで混ぜあわせる。
② 器に盛って刻んだディル(分量外)を散らし、チコリにのせて食べる。

チコリがあると
おしゃれ度UP

4 カナッペ2種

2TYPES CANAPE

奈良漬け!
これがウマイ

〈奈良漬けとクリームチーズ〉
バゲット、奈良漬け、
クリームチーズ 各適量

① バゲットはスライスする。炭火で軽くあぶっても。
② クリームチーズを塗ってスライスした奈良漬けをのせる。バルサミコソース(p.97)をかけてもおいしい。

〈オイルサーディン〉
バゲット、オイルサーディン、玉ねぎ、
マヨネーズ、こしょう 各適量

① 玉ねぎはみじん切りにしマヨネーズと混ぜる。しばらくおくとピクルスのようになって、よりおいしいので事前に仕込んでおいてもOK。
② スライスしたバゲットに1を塗ってからオイルサーディンをのせ、こしょうをふる。あれば刻んだイタリアンパセリ(分量外)をのせる。

＼ すぐに作れる ／

スキレットつまみレシピ

火かげんを
あまり気にしなくてもいいのが、
スキレット料理のいいところ。
パパッと完成するおつまみ6選！

枝豆ペペロンチーノ

EDAMAME PEPERONCINO

枝豆 1袋
にんにく 1かけ
たかのつめ 2～3本
オリーブオイル、塩 適量

塩味しっかりがおすすめ

① 枝豆は2～3分ほどゆでる。
② スキレットにオリーブオイル、スライスしたにんにく、たかのつめを種ごと入れて炭火にのせて熱する。
③ 枝豆を入れ塩を加えて、サッと炒める。

卵のかたさは
お好みで

アンチョビ味が
効いている

2 コンビーフとじゃがいものスペイン風オムレツ

SPANISH OMELET

コンビーフ 1缶
じゃがいも 1個
卵 2個
塩、こしょう 適量

① じゃがいもは薄めにスライスして、ほぐしたコンビーフ、卵、塩、こしょうとボウルに入れて混ぜる。
② 炭火にスキレットをのせて熱し1を流し入れる。くっつくのが心配ならフライパンホイルやオーブンペーパーなどを敷く。
③ かき混ぜながら熱を入れ、卵がほぼかたまったらふたをして弱火エリアに移動。2〜3分おく。

3 アンチョビブロッコリー

ANCHOVY BROCCOLI

アンチョビ 3〜4切れ
ブロッコリー 1株
にんにく 1かけ
オリーブオイル 適量

① にんにくはスライス、アンチョビは刻む。
② スキレットにオリーブオイルと1を入れて炭火にのせて、混ぜながら香りが出るまで熱する。
③ 熱湯で30秒ほどゆでたブロッコリーをスキレットに入れ、ササっと和える。

砂肝とマッシュルームのアヒージョ

GIZZARD & MUSHROOM AJILLO

オイルも
味わって

砂肝、マッシュルーム 好きなだけ
にんにく 3〜5かけ
たかのつめ 3本
オリーブオイル 適量
塩、こしょう 適量

① 砂肝は銀皮を切り落として塩をふる。マッシュルームは汚れがあれば拭き取り食べやすいサイズに切る。

② スキレットにたっぷりのオリーブオイルを注ぎ、皮をむいてつぶしたにんにくとたかのつめを入れる。

③ 1を入れ炭火の弱火ゾーンでゆっくりと加熱する。ときどき砂肝をひっくり返しながらグツグツしてから3分ほど火を入れたら塩、こしょうをする。

ゆっくり加熱すると砂肝がやわらかく仕上がります。

5 カリーブルスト

CURRYWURST

ビールが
止まらない！

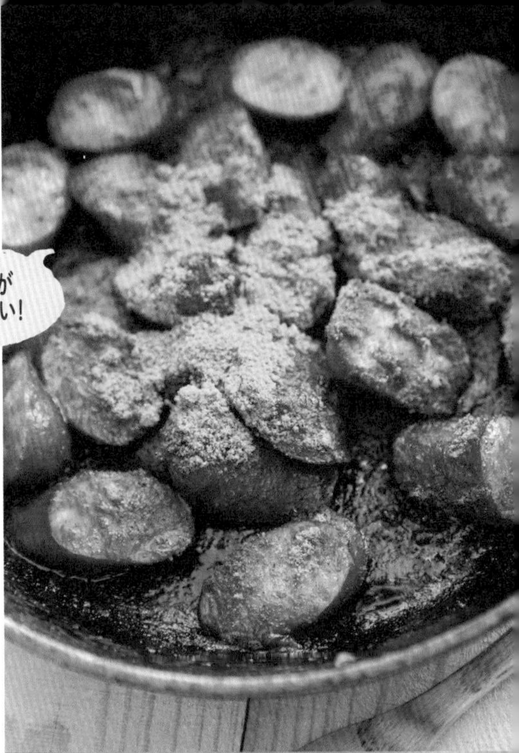

ソーセージ 好きなだけ
ケチャップ 大1
ウスターソース 小1
カレー粉 大1

① ソーセージを5㎜厚さくらいの斜め切りにして、炭火にのせて熱したスキレットで炒める。
② 火がとおってきたらケチャップとソースを入れてかき混ぜて、上からカレー粉をかける。

カレー粉の量は好みで調節して！

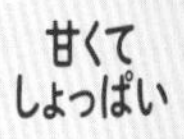

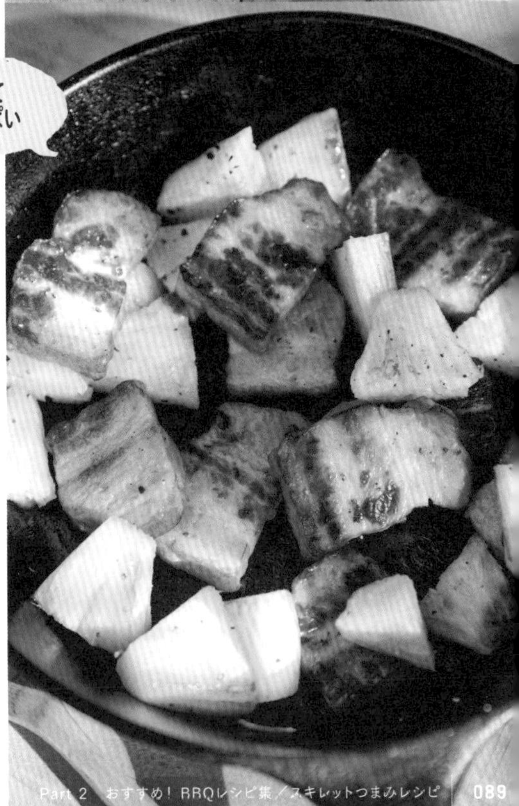

6 ベーコンパイナップル

BACON PINEAPPLE

ブロックベーコン、パイナップル、
こしょう 各適量

① ベーコンとパイナップルを同じくらいのサイズに切る。
② 炭火にかけて熱したスキレットでベーコンを炒める。
③ ベーコンが焼けたらパイナップルを投入。こんがりしたらこしょうをふる。

\ 炭火で焼きたい /

串焼き4種レシピ

焼き鳥だけじゃない！
BBQにぴったりの串焼きをご紹介。
和、洋、エスニック、
いろんな味を楽しんで！

1 カマンベールのベーコン巻き
CAMEMBERT BACON ROLL

カマンベールチーズ 1個
ベーコン 6～8枚
こしょう 適量

① チーズを6～8等分に切り、ベーコンを巻きつけて串に刺す。
② 炭火に網をのせて、弱火ゾーンに1をおき、ときどき裏返しながらカマンベールがトロッとするまで焼き、こしょうをふる。

2 3種の味の ささみ串焼き

SASAMI YAKITORI

ささみ、梅（チューブでもOK）、青じそ、わさびチューブ、海苔、とろけるスライスチーズ、こしょう
すべて好きなだけ

〈梅＆しそ、わさび＆海苔〉

① ささみはひと口サイズに切り串に刺す。
② 炭火に網をのせて弱火ゾーンで焼く。両面軽く火がとおったら、梅肉と刻んだ青じそ、わさびとのりをのせる。

〈チーズ〉

① ささみが片面焼けたらひっくり返してチーズをのせる。
② 裏面が焼けてチーズがとろけたらこしょうをふる。

いろんな野菜に
巻いてみて

豚ばら巻き串

VEGETABLE PORK BELLY ROLL

豚ばら薄切り肉、アスパラガス
エリンギ、ミニトマト
すべて好きなだけ

① アスパラガスは根元のかたい部分の皮をむき半分に切る。エリンギは縦方向に1/4〜1/6に切る。トマトはヘタをとる。

② 1に豚ばら肉を巻き、巻き終わりを留めるように串を刺して塩、こしょうをふる。串は2本刺しにすると焼きやすい。

③ 炭火にのせた網に並べて両面焼く。串が焦げないように並べ方に工夫して。

ひと味違う
Newつくね

鶏の エスニックつくね

ETHNIC TSUKUNE

鶏ひき肉 250g
香菜 1束
レモン汁 1/2個分
ナンプラー 小1

① ボウルにひき肉を入れ、刻んだパクチーの茎、レモン汁、ナンプラーと混ぜあわせる。
② 粘りが出てきたら小判型にまとめて串を刺す。
③ アルミホイルではさんで、網に並べて両面を焼く。
④ 香菜の葉を刻んで添え、レモン（分量外）を絞って食べる。

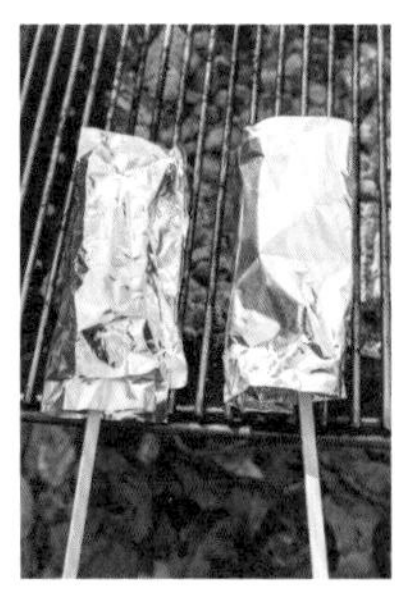

＼かけておいしい／

ソースさえあれば レシピ

肉や野菜にかけるだけで、
あっという間にごちそうができあがる！
便利でおいしい3種のソースと
そのレシピ。

ねぎ塩レモン
ソースで

1 牛タン&豚トロ焼き

GRILLED OX TONGUE & TONTORO

牛タン、豚トロ（焼肉用）好きなだけ
ソース
- 長ねぎ 1本
- レモン汁 1/2個分
- ごま油 大1
- 塩、こしょう 少々

① みじん切りにしたねぎと残りの材料をすべてあわせ、ソースを作る。
② 肉を焼いて、ソースをのせる。

どんな肉とも相性よし。魚介にもいい。サラダのドレッシングとして使うのもおいしいソース。

かんたん
バーニャカウダ

2 じゃがいもとかぶの ホイル焼き

POTATO & TURNIP BAKED IN FOIL

じゃがいも、かぶ 好きなだけ
ソース
- アンチョビ 2〜3切れ
- にんにく 1かけ
- オリーブオイル 大1〜2
- マヨネーズ 大2〜3

① にんにくは細かいみじん切りに、アンチョビは刻んでオリーブオイルとシェラカップに入れ、アンチョビがとけるまで火にかける。粗熱がとれたらマヨネーズを混ぜソースを作る。

② じゃがいもは下面をつなげたまま5mm間隔の切れ目を入れる。じゃがいもの両端に割り箸などを置いてストッパーにすると上手に切れる。

③ じゃがいもと、かぶは丸ごとアルミホイルに包んで炭火の端に置く。2〜3分おきに1/4づつ回して焼く。ぐるっと1回転が焼き上がりの目安。焼けたかぶは1/4に切り分ける。

④ 熱々のうちにソースをかける。

3 鴨肉のロースト
ROASTED DUCK MEAT

鴨むね肉 1枚
塩、こしょう 適量
バルサミコソース 適量

① 鴨は皮に格子状に切れ目を入れてから塩、こしょうをふる。
② 炭火にスキレットをのせて熱し、肉を皮目から焼く。火かげんは中くらい。
③ 脂を出すように2〜3分焼いて裏返して2分ほど焼く。
④ 好みの厚さにスライスして器に盛り、ソースをかける。あればベビーリーフ(分量外)を添える。

4 ほたてソテー
SAUTEED SCALLOP

ほたて（刺身用）3〜4個
塩、こしょう 適量
バルサミコソース 適量

① ほたてに塩をしてグリルパンで焼く。1分ほどで焼き色がついたら裏返し、両面に薄い焼き色をつける。
② 器に盛ってこしょうをふり、ソースをかける。

バルサミコソース

バルサミコ酢をかき混ぜながらとろっとするまで煮詰める。まとめて仕込んでおくと便利な万能ソース。肉、魚、野菜、なににでも使えて、プロっぽい味になります。

バルサミコ
ソースで

＼あとは焼くだけ／

漬け込み レシピ

しっかりしみた味つけが、
このレシピのおいしさの鍵。
前の日から仕込んでおけるので
現場では手間いらずです。

ご飯にもあう
しっかり味

辛味噌ホルモン

HOT MISO HORMONE

牛ホルモン
（小腸、大腸がおすすめ）好きなだけ
青ねぎ 適量
漬け込みたれ
しょうが、にんにく 各1かけ
しょうゆ、味噌、
酒、砂糖、みりん 各大1
お好みで豆板醤 大1

① しょうがとにんにくはすりおろし、たれの材料すべてを混ぜる。
② ホルモンは必要であれば小麦粉でもみ洗い、流水で洗いながしてから水けをとる。洗い済みのものならこの作業は省いて、たれに漬ける。
③ 炭火にのせて熱したスキレットにホルモンをたれごと入れて、火がとおったら刻んだ青ねぎをたっぷりのせる。

スペアリブ

SPARERIBS

パンチの
きいた味つけ

スペアリブ 6〜8本
漬け込みたれ
- しょうゆ 大5
- 赤ワイン 大3
- バルサミコ酢、はちみつ 各大1
- しょうが、にんにく 各1かけ
- 玉ねぎ 1/4個

① しょうが、にんにく、玉ねぎはすりおろし、たれの材料すべてを混ぜる。
② スペアリブはフォークで穴をあけ、たれにひと晩以上漬け込む。
③ 炭火に網をのせて熱し、汁けを軽くきったスペアリブを並べる。骨を立てるようにサイドから焼くと火がとおりやすい。サイド、サイド、表、裏という順番で、弱火〜中火でじっくり時間をかけて中まで火をとおす。

肉をゆでてから漬けこめば、炭火で温めるだけで食べられる。

おかずにも
つまみにもなる

さばみりん漬け

MACKEREL IN MIRIN

塩さば 2〜3枚
漬け込みたれ
　みりん 大3
　しょうゆ、酒 各大1
あればごま 適宜

① たれの材料をすべて混ぜ、保存袋などに入れてさばをひと晩漬け込む。
② 炭火に網をのせて熱し、汁気を切ったさばを置いて弱火でじっくり焼く。
③ 器に盛ってごまをふる。

＼ アウトドアでも ／

ハーブ&スパイスレシピ

ハーブやスパイスをプラスすると、
素材の味が引き立って、
野外料理もこだわりの味に
仕上がります。

1 鮭の杉板ハーブグリル
SALMON HERBGRILL ON CEDAR

杉の香りが新鮮、絶品！

生鮭 2～3切れ
ディル 2～3本
レモン 1/2個
オリーブオイル 適量
塩、こしょう 適量

① 無垢の杉板を用意し、調理前に軽く濡らす。杉板は材木店やホームセンターなどで入手できる。塗装や薬剤処理などをしていない無垢のものに限る。
② 杉板に鮭を並べて塩、こしょうをふり、コーティングするようにオリーブオイルをまぶす。
③ ディルとスライスしたレモンをのせ、杉板ごとアルミホイルで包み、弱めの炭火にのせた網の上に置く。
④ アルミホイルのすき間から白い煙が出るくらいの火かげんがベスト。20～30分焼く。

杉板の下側は焦げてもOK。濡らしてあるので燃え抜けることはないので安心して。

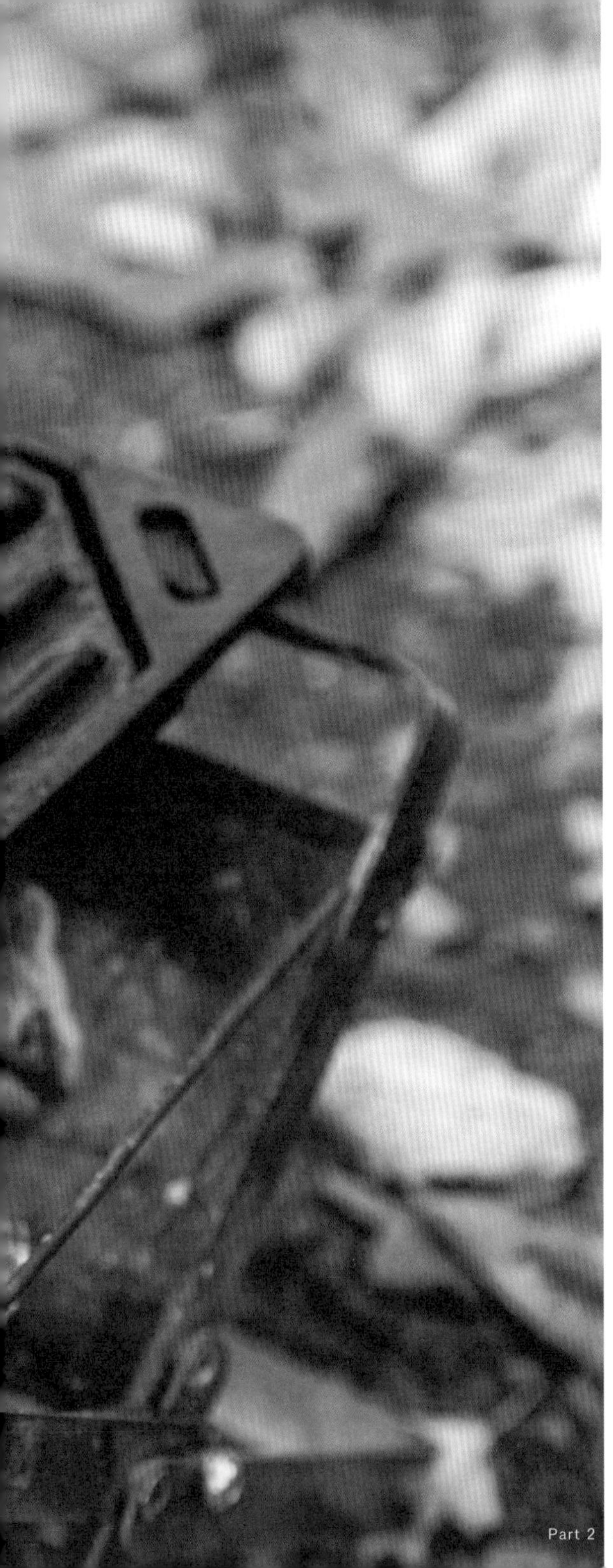

ローズマリーが
大活躍!

2 ラムチョップの ローズマリーグリル
LAMB CHOPS WITH ROSEMARY

ラムチョップ 3〜4本
ローズマリー 2〜3本
塩、こしょう 適量

① ラムチョップに塩、こしょうをふる。
② 炭火にグリルパンをのせて熱し、ローズマリー、ラムチョップ、再びローズマリーを重ねて、中火ゾーンで焼く。
③ 1〜2分焼いて、表面に焼き目がついたら裏返して、また1〜2分焼く。

バルサミコソース（p.97）もあうよ。

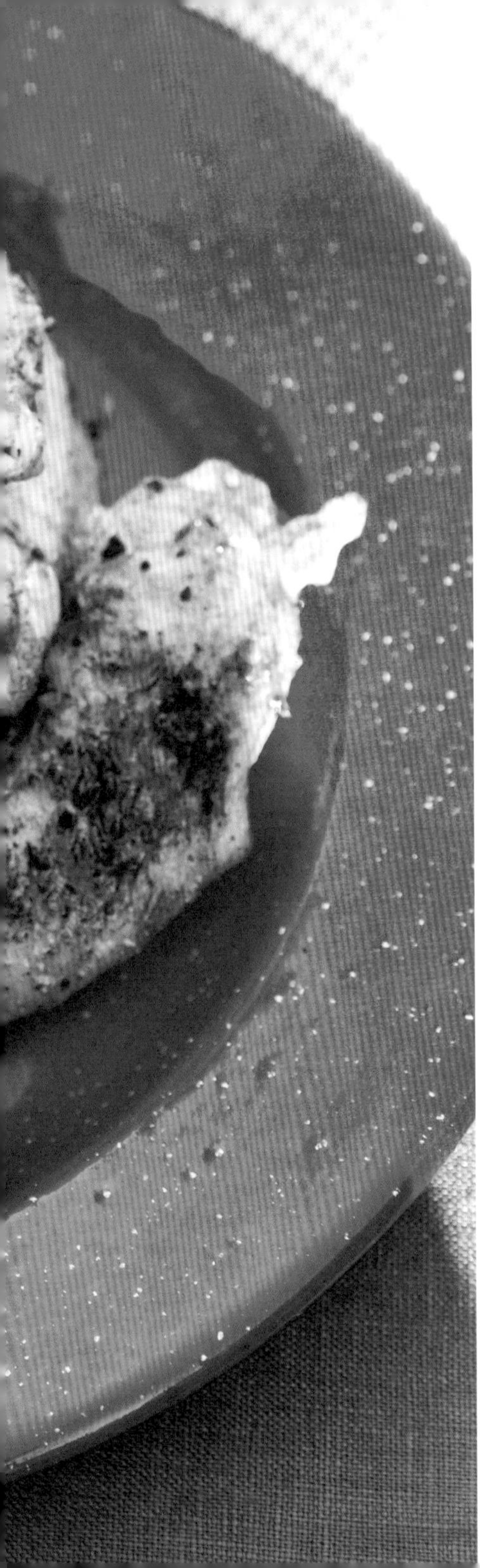

3 手羽先スパイス焼き

SPICY CHICKEN WINGS

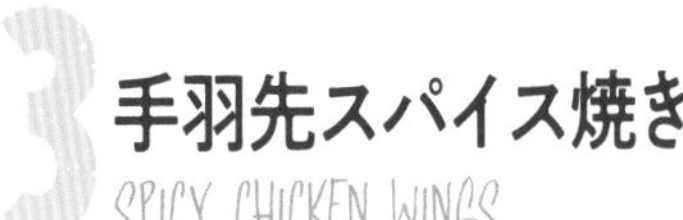

手羽先 10本程度
花椒 大1
サラダ油 大1
塩、こしょう 適量

① ボウルに手羽先を入れて、残りの材料を加えてまぶす。塩、こしょうを強めにまぶすのがおすすめ。
② 炭火に網をのせて熱し、皮目を下に手羽先を並べる。弱火～中火で両面に焼き目をつけつつ中までしっかり火をとおす。

ピリリときいた
花椒がいい

クミンとトマトは
相性ばっちり

クミン香るミートボール

MEATBALL WITH CUMIN

豚ひき肉 350g
塩（肉用）小1/4
クミンシード（半量ずつに分けておく）小2
卵白 1個分
カットトマト缶 1/4缶
オリーブオイル 少々
塩、こしょう 適量
あればイタリアンパセリ 適宜

① ボウルに豚ひき肉と塩を入れてあわせる。手のひらで練るのではなく指を立てて粘りけが出るまで混ぜる。

② 粘りけが出たらクミンシード半量と卵白を加えて混ぜ、好みのサイズに丸めて肉団子を作る。

③ 炭火にスキレットをのせてオリーブオイル少々を入れて熱し、肉団子を入れ、転がしながら焼いて全体に焼き色をつける。

④ 焼き色がついたらトマト缶を入れ、残りのクミンシードと塩、こしょうを加える。煮詰めるので、この時点の味は少しだけ弱いかな?くらいでいい。

⑤ かき混ぜながらソースが沸騰したらふたをして、5分ほど弱火で煮て肉団子に火をとおす。最後に味をみて足りなければ塩を足す。器に盛って、刻んだイタリアンパセリを散らす。

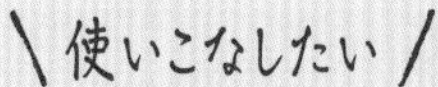

ダッチオーブンレシピ

BBQで使いたい道具No.1
ともいえるのがダッチオーブン。
煮込み料理だけじゃない
使い方を伝授します。

1 豚の塩釜焼き

PORK IN SALT CRUST

簡単だけど、
ごちそう感満点

塩釜焼きの作り方と
ダッチオーブンの使い方は
次ページへ →

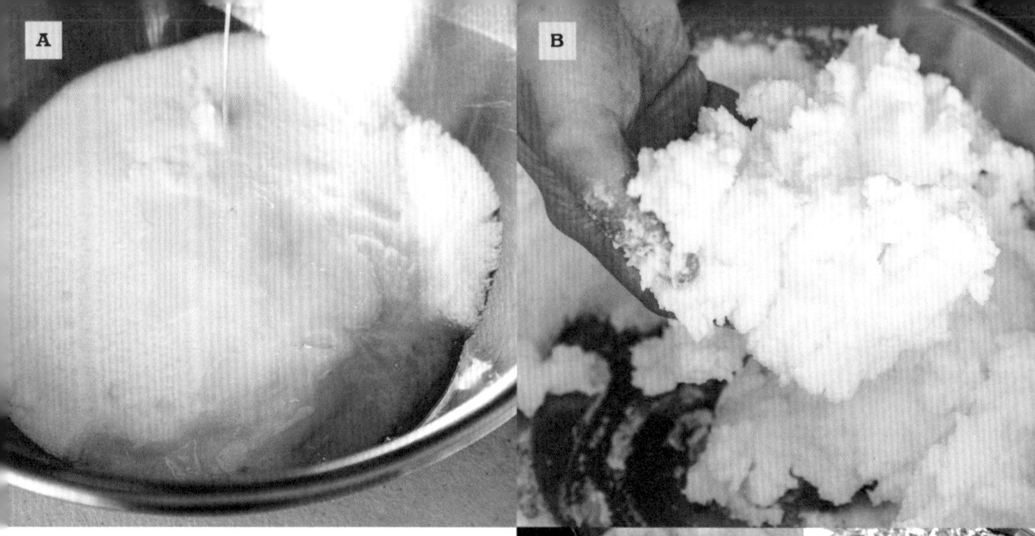

豚肩ロースかたまり 500g
ハーブ（タイムやローズマリー）2束
塩 1kg
卵白 2個分
こしょう 適量

① ボウルなど大きめの器に塩と卵白を入れてかき混ぜる[A]。しばらくかき混ぜていると泡立ち、生クリームのようになるのでこの状態までかき混ぜる[B]。豚肉にまんべんなくこしょうをふる。[C]
② ダッチオーブンの内側をアルミホイルで覆い（これは片付けやすくするため）、1の塩をダッチオーブンの底に1〜2㎝程度の厚みに敷いて土台を作る[D]。
③ ハーブを1束置いてから肉を置き、その上にまたハーブをのせる[E]。
④ 残った塩で全体を覆う[F]。塩500gに対して卵白1個分をベースに、肉や鍋のサイズに合わせて調整して。
⑤ すき間なく塩で覆ったら、ダッチオーブンのふたをして炭火の中へ[G]。炭の上の直接置いても、網の上にのせてもいい。
⑥ ふたの上に大きな炭を4〜5個置いて[H]、上からの火が強めの状態で20〜30分焼く[I]。
⑦ ふたを開けてみて塩が茶色くカチカチになっていたら完成[J]。

塩釜を割って肉を取り出してカットして食べよう。バルサミコソース（p.97）があうよ！〈p.110〜111参照〉。

E

H

C
D
F
G
I
J

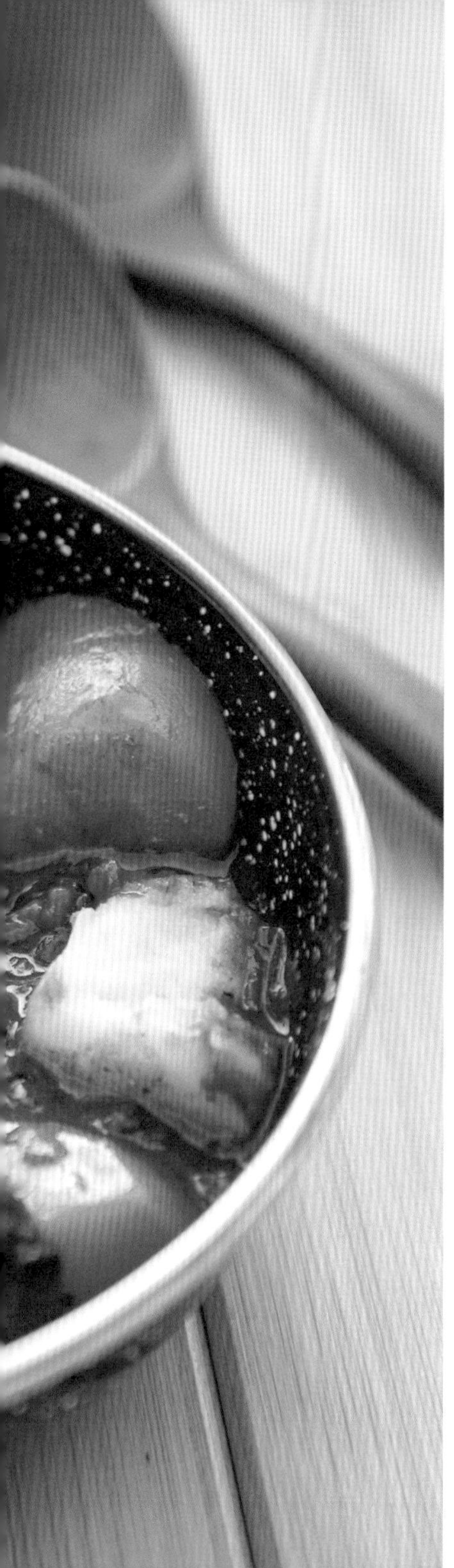

ダッチオーブンで
コトコト煮込み

2 ビーフシチュー

BEEF STEW

牛すね肉（すじ肉でも）300g
玉ねぎ 2個
マッシュルーム（ほかのきのこでもOK）1パック
オリーブオイル 適量
赤ワイン（720mℓ）1本
デミグラスソース缶 1缶
にんじん 1/2本
じゃがいも 2〜3個
ブロッコリー 1/2株
あればローリエ 1〜2枚

① 肉は食べやすいサイズに切る。玉ねぎとマッシュルームは薄切り、にんじん、じゃがいも、ブロッコリーは食べやすいサイズに切る。
② 炭火にダッチオーブンをのせオリーブオイルを入れて熱し、肉を入れる。焼き色がついたら取り出して、玉ねぎを炒める。途中で何度かふたをして炒めると早い。多少の焦げは気にしないでOK。
③ 玉ねぎがしんなりしたら肉を戻してローリエを入れ、赤ワインを注いで煮る。アクをていねいに取り、アクが出なくなったらマッシュルームを加えてふたをして、弱火のゾーンで2時間ほど煮込む。水分がなくならないようにときどき確認を。
④ 肉がやわらかくなったらデミグラスソースを入れ、にんじん、じゃがいもを入れてさらに煮込む。火がとおりやすいブロッコリーは食べる直前に入れて、サッと煮る。

3 ラタトゥイユ
RATATOUILLE

野菜たっぷり。
アレンジもしやすい

ベーコン 100g
玉ねぎ 1個
ズッキーニ 1本
なす 2本
パプリカ 1個
にんにく 1かけ
カットトマト缶 1/2〜1缶
コンソメ 小1
オリーブオイル 適量
ケチャップ 大1
塩、こしょう 適量

① にんにくはみじん切り、ベーコンは細かく切る。玉ねぎは串切り、ズッキーニ、なすは輪切り、パプリカは角切りにする。野菜はすべて同じくらいのサイズにするといい。
② ダッチオーブンにオリーブオイル、にんにく、ベーコンを入れて炭火にかけ、香りが出たら残りの野菜を入れて炒める。
③ 野菜に油がまわってくったりしたら、トマト缶とコンソメを入れて5分ほど煮る。
④ 野菜が煮えたらケチャップを入れて混ぜ、塩、こしょうで味つけする。

野菜をグリルしてからダッチオーブンに入れると、香ばしさが増しておいしい。

コーラとしょうゆ
で煮るだけ

4 手羽元のコーラ煮込み
DRUMSTICK IN COLA

手羽元 10本程度
コーラ 500mℓ
しょうゆ 大3

① ダッチオーブンにコーラと手羽元を入れて炭火にかけて5分ほど煮て、アクをていねいに取る。
② アクが出なくなったらしょうゆを入れて20分ほど煮込む。

汁がとろっとするまで煮込んでもいい。

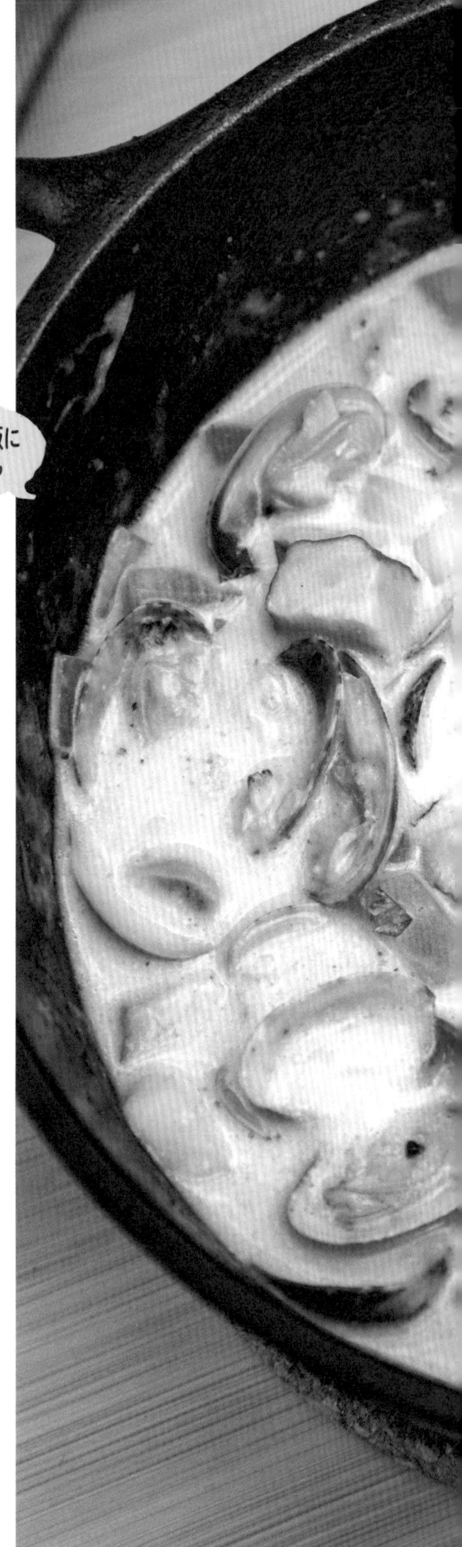

5 クラムチャウダー
CLAM CHOWDER

あさり 1パック
白ワイン 100㎖
ベーコン 100g
玉ねぎ 1個
じゃがいも 2個
にんじん 1/2本
バター（半量ずつに分けておく）大1
小麦粉 大1
牛乳 300～500㎖
塩、こしょう 少々
あればイタリアンパセリ 適宜

① あさりは殻をこすり洗いする。ベーコン、野菜は1㎝角に切る。
② ダッチオーブンにバターの半量を入れて炭火にかけ、バターが溶けたらあさりと白ワインを入れてふたをして蒸す。あさりの口が開いたら取り出す。
③ 同じダッチオーブンにベーコン、玉ねぎ、じゃがいも、にんじんと残りのバターを入れ、かき混ぜながら小麦粉をふり入れ炒め、牛乳を加えてかき混ぜながら煮る。
④ 野菜に火がとおったら塩、こしょうで味をつけ、あさりを鍋に戻して温める。器に盛って、刻んだイタリアンパセリを散らす。

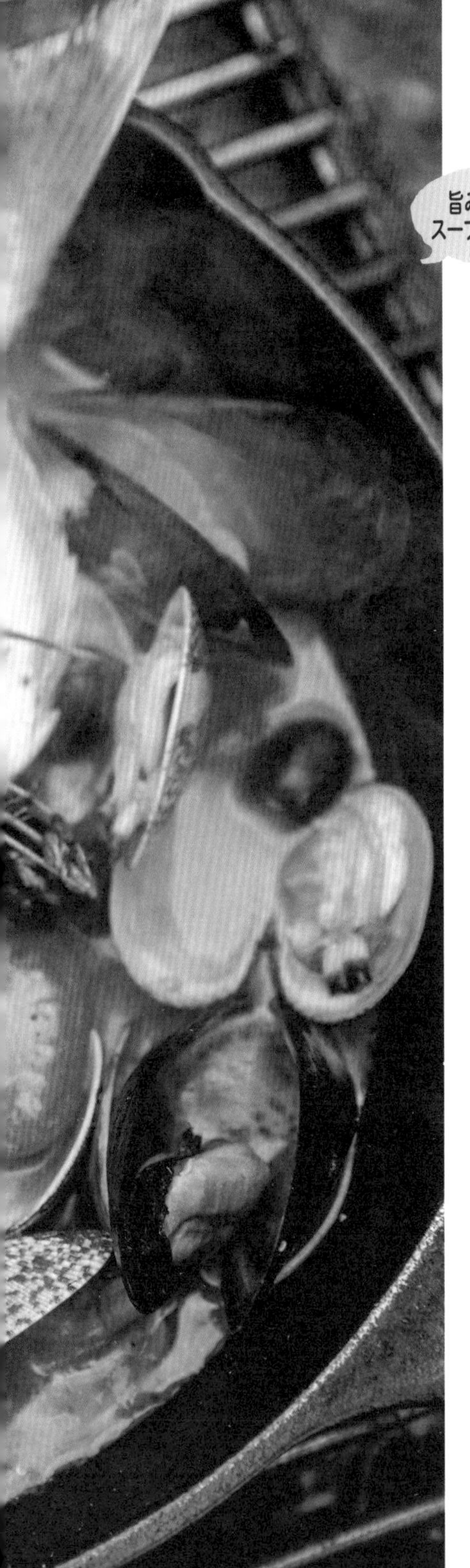

6 丸ごとアクアパッツァ
ACQUA PAZZA

鯛（白身魚ならなんでもあう）1尾
アサリ、あればムール貝 適量
にんにく 1かけ
黒オリーブ 10個
ミニトマト 4〜5個
タイム 5枝
オリーブオイル 適量
白ワイン 100mℓ
EXバージンオリーブオイル 適量
イタリアンパセリ 適宜
こしょう 適量

① 鯛は鱗を取って腹の中をよく洗う。身の厚いところに十字に切れ目を入れる。これは火のとおりと見た目をよくするため。貝類は殻をこすり洗いする。
② にんにくは皮をむいて薄切り、トマトは半分に切る。イタリアンパセリはざく切りにする。
③ スキレットにオリーブオイル、にんにくを入れて炭火にかけ香りが出たら、鯛を頭を右にして入れて焼く。焼き色がついたらていねいにひっくり返して頭が左に向くようにする（これが完成の魚の向き）。
④ 貝類、オリーブ、トマトを入れてタイムをのせ、白ワインを注ぎふたをして5分火をとおす。
⑤ EXバージンオリーブオイルをひと回し入れて、スキレットのハンドルを持って左右に回すようにしてかき混ぜ、スープを乳化させる。
⑥ イタリアンパセリをのせ、こしょうをふる。

後片づけこそスマートに、男前でいこう!

野外で料理を楽しんだあと、ちょっと不便で億劫な後片づけ。でも、来たときよりもきれいにして帰ってこそ男前だ。なかでも炭の処理は正しくていねいにしないと、大きな事故にもつながりかねない。
燃えかすやゴミを放置した結果、BBQが禁止になってしまうということも残念ながら実際に起きている。いうまでもなく、フィールドがなくなって困るのは自分自身だ。BBQを気持ちよく、ずっと楽しむためにも、ごくごく当たり前のことを忘れずに、心がけていきたい。

安全第一!
炭の後始末は完璧に

BBQのあと頭を悩ませるのが炭の処理。特にもう帰宅の時間なのに火が燻っているときが問題だし、消えたと思っても火が残っているおそれは大きい。キャンプ場などで炭の処理場があれば、そのルールに従って処理をする。持ち帰る場合、少量ずつを水につけて完全に火が消えるのを待つか、ダッチオーブンに炭を移しふたをして空気を遮断すれば、ほどなく消える。ダッチオーブンの熱がとれてから持ち帰ろう。この方法なら大きな炭が残っていれば再利用もできる。

憂鬱の種。洗い物は帰宅後でもOK

お湯が出る場所ならまだしも、冷たい水で灰と脂に覆われたBBQ 道具を洗うのは大変。現地で洗うことにこだわらず、持ち帰って家でしっかり洗うのも悪くない方法だ。大きなビニール袋に汚れ物を入れてクーラーボックスに収納すれば、クルマも汚さず持ち帰ることができる。網や鉄板にくっついた肉片などは、火にかけたままにして焼き切ってしまったほうが落としやすい。

残しちゃダメ!ゴミ処理の仕方

同じく頭を悩ませるゴミの処理。こちらも当然ながら、放置していくのはもってのほか。キャンプ場など現地にゴミ捨て場があれば分別ルールに従って処理をして帰ればOK。持ち帰る場合は自宅での処理がしやすいように分別しておければベターだが、それは自宅で行ってもいい。ゴミ袋の口をしっかり縛るか、洗い物同様に空いているクーラーボックスに入れれば、車内への匂いがシャットアウトできる。

おわりに

「はじめに」で書いたとおり、ぼくは「男前」をテーマにしている
わけですが、今回BBQにおける「男前」の定義を立てるのに
難儀しました。
だって端的にいえないんだもの。

3つの定義を提案しましたが、つまるところは、

火を感じ、熱を感じ
臨機応変に炭や食材の位置を変えて
最高の状態に仕上げる技術をもっていること。
そうした行為を自然にできることが「男前」だと思っています。

火をコントロールすること自体、容易なわけではありません。
さらには食材のことも考えなきゃならないんです。そんなパパっと
できません。

たかがBBQ、されどBBQ。
おいしいを追求すれば奥が深いのです。
じっくりと腰を据えて料理してみてください。きっと扉が開けます。

岡野永佑

食材の索引 INDEX

キャベツ

じゃがいも

玉ねぎ

トマト

なす

にんじん

ピーマン　パプリカ

ブロッコリー

ご飯　麺　パン

OTOKOMAE
BARBECUE RECIPES
BY BASE CAMP A-SUKE

著者プロフィール

岡野永佑（おかの えいすけ）

東京・水道橋のアウトドアカフェ・バーBASE CAMPオーナー＆料理人。ブッシュクラフト的な焚き火料理やダッチオーブン料理、燻製など男前な料理を得意とする。BASE CAMPでは、毎日5種程度の燻製料理を用意しているほどスモークに精通。フライフィッシング、ハンティング、キノコ狩りや山菜採りなど、アウトドアと食を結ぶ遊びが大好き。BASE CAMPにて食事をしながら毛ばりを巻ける「毛ばりカフェ」、不便を楽しむキャンプ企画「男前キャンプ」を開催するほか、各地のキャンプイベントにも出没する。愛称A-suke（エースケ）。
https://www.cafe-basecamp.com/

料理：岡野永佑

写真：新居明子

アートディレクション
デザイン
イラスト：吉池康二（アトズ）

編集：たむらけいこ
稲葉 豊（山と溪谷社）

協力：長瀞オートキャンプ場
https://www.nagatoro-camp.com
ウェーバー・ジャパン
エイアンドエフ（ロッジ）
新富士バーナー（ソト）
スノーピーク
ユニフレーム
ワイルドワン（テンマクデザイン）

THE男前BBQレシピ77

2021年3月1日　初版第1刷発行

著者　岡野永佑

発行人　川崎深雪

発行所　株式会社　山と溪谷社
〒101-0051
東京都千代田区神田神保町1丁目105番地
https://www.yamakei.co.jp/

■乱丁・落丁のお問合せ先
山と溪谷社自動応答サービス
TEL.03-6837-5018
受付時間／10:00-12:00、13:00-17:30（土日、祝日を除く）

■内容に関するお問合せ先
山と溪谷社
TEL. 03-6744-1900（代表）

■書店・取次様からのお問合せ先
山と溪谷社受注センター
TEL. 03-6744-1919　FAX. 03-6744-1927

印刷・製本　図書印刷株式会社

＊定価はカバーに表示してあります
＊落丁・乱丁本は送料小社負担でお取り替えいたします

Printed in Japan ISBN978-4-635-45048-5